智能网联汽车专业岗课赛证融通系列教材

丛书主编　徐念峰　詹海庭

智能网联汽车底盘线控执行系统安装与调试

组　编　中国汽车工程学会　国家智能网联汽车创新中心

主　编　王希珂（淄博职业学院）
　　　　詹海庭（国汽（北京）智能网联汽车研究院有限公司）

副主编　张　迪（淄博职业学院）
　　　　梁洪波（安徽交通职业技术学院）

参　编　任亚茹（淄博职业学院）
　　　　孙　悦（淄博职业学院）
　　　　王继玲（淄博职业学院）
　　　　孔春花（吉林交通职业技术学院）
　　　　黄思德（国家新能源汽车技术创新中心）
　　　　剧学铭（北京亮道智能汽车技术有限公司）
　　　　朱先明（湖南汽车工程职业学院）
　　　　翟乃川（淄博职业学院）
　　　　孙大许（佛山职业技术学院）
　　　　吴海东（广东轻工职业技术学院）
　　　　姜继文（安徽国防科技职业学院）
　　　　刘　卯（贵州交通职业技术学院）
　　　　倪佶松（国智汽（北京）汽车技术研究院有限公司）

主　审　於　涛（国汽（北京）智能网联汽车研究院有限公司）

U0361553

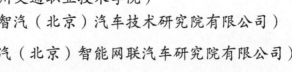

机械工业出版社
CHINA MACHINE PRESS

本书是智能网联汽车专业"岗课赛证"融通教材，主要内容包括工具设备的使用、智能网联汽车底盘线控系统的认知、线控驱动系统安装与调试、线控转向系统安装与调试、线控制动系统安装与调试5个学习任务。每个学习任务按照任务导入、任务分析、任务资讯、任务准备、任务实施、任务评价与小结进行教学闭环设计。

　　本书按照智能网联汽车测试装调职业技能等级证书的要求编写，按照活页式教材形式打造，借助"互联网+"及信息技术，使教材内容呈现立体化、可视化、数字化等特点，能够满足"人人皆学、处处能学、时时可学"的学习创新空间，为学习者提供"能学、助教、助训、助考"的课程资源。

　　本书可作为职业院校智能网联汽车类专业的教学用书，也可作为智能网联汽车测试装调职业技能等级证书的考证用书，还可作为企业技术培训资料和汽车爱好者的科普读物。

图书在版编目（CIP）数据

智能网联汽车底盘线控执行系统安装与调试 / 中国汽车工程学会，
国家智能网联汽车创新中心组编；王希珂，詹海庭主编.
—北京：机械工业出版社，2022.8（2024.12重印）
智能网联汽车专业岗课赛证融通系列教材
ISBN 978-7-111-71248-0

Ⅰ.①智…　Ⅱ.①中…　②国…　③王…　④詹…　Ⅲ.①智能通信网–应用–
汽车–底盘–电气控制系统–设备安装–教材②智能通信网–应用–汽车–
底盘–电气控制系统–调试方法–教材　Ⅳ.①U463.67

中国版本图书馆CIP数据核字（2022）第127382号

机械工业出版社（北京市百万庄大街22号　邮政编码100037）
策划编辑：邢　琛　　　　　　　责任编辑：王　婕
责任校对：闫玥红　王　延　　　责任印制：单爱军
北京虎彩文化传播有限公司印刷

2024年12月第1版第4次印刷
184mm×260mm·11印张·181千字
标准书号：ISBN 978-7-111-71248-0
定价：49.90元

电话服务　　　　　　　　　网络服务
客服电话：010–88361066　　机　工　官　网：www.cmpbook.com
　　　　　010–88379833　　机　工　官　博：weibo.com/cmp1952
　　　　　010–68326294　　金　书　网：www.golden-book.com
封底无防伪标均为盗版　　机工教育服务网：www.cmpedu.com

智能网联汽车专业岗课赛证融通系列教材

编 审 委 员 会

　　进入 21 世纪以来，我国汽车产销逐渐从爆炸式增长发展为稳步增长，已经成为世界最大的汽车生产国和主要的汽车消费国。到 2023 年底，我国的汽车年产销量均超过 3000 万辆，步入了汽车社会。2020 年 2 月 10 日，国家发展和改革委员会、科学技术部、工业和信息化部等 11 个部门联合印发了《智能汽车创新发展战略》，旨在加快推进智能汽车的创新发展。2021 年 2 月，在国务院印发的《国家综合立体交通网规划纲要》中特别提到：推进智能网联汽车（智能汽车、自动驾驶、车路协同）应用，推动智能网联汽车与智慧城市协同发展。在政策、技术与市场等多重因素的影响下，汽车这一传统产业与能源、交通、信息通信等领域有关技术加速融合，正在形成电动化、智能化、网联化的发展格局。智能网联汽车的发展已经进入快车道。目前，国内职业院校汽车专业人才培养供给难以满足智能网联汽车产业发展需求。为了给社会培养更多有用的人才，近年来，国内职业院校的智能网联汽车技术专业在迅速扩充规模的同时积极探索新的人才培养模式、课程体系，积极探索行动导向教学法，以实现培养适应新汽车技术人才的需要。

　　2021 年 4 月，中国汽车工程学会、国家智能网联汽车创新中心发布了全国职业院校《智能网联汽车专业建设白皮书（2021 版）》，为职业院校智能网联汽车技术专业建设提供了思路。2020 年，教育部职业技术教育中心研究所公示了第三批职业教育培训评价组织和职业技能等级证书名单，智能网联汽车测试装调职业技能等级证书正式公布。为满足行业对智能网联汽车技术专业人才的需求，促进高职院校智能网联汽车技术专业建设、推动智能网联汽车职业技能等级证书认证制度，特开发了智能网联汽车专业岗课赛证融通系列教材。该系列教材根据智能网联汽车测试装调职业技能等级证书标准要求，分为初、中、高级教材，其中初级教材囊括了《智能网联汽车计算平台测试装调》《智能网联汽车智能传感器安装与调试》《智能网联汽车智能座舱系统测试装调》和《智能网联汽车底盘线控执行系统安装与调试》4 种，主要从智能网联汽车各系统装调为主进行介绍。同时，该系列教材从岗位需求出发，以就业为导向，以实践技能为核心，倡导以学生为本位的培养理念，立足 2021 年教育部颁布的职业教育专业目录，体现新时代汽车产业"智能化、网联化、电动化、共享化"发展对汽车生产制造和售后服务等岗位（群）要求，将综合性和案例性的实践活动转化成教材内容，帮助学生积累实际工作经验，全面提高学生的职业实践能力和职业素养。

因此，本系列教材按照智能网联汽车专业岗位的职业特点和职业技能要求，务求探索和创新：

1）立足先进的职业教育理念，紧跟汽车新技术的发展步伐，结合智能网联汽车技术专业的职业面向、培养目标和与之对应的课程体系、教学体系进行教材内容设置，及时反映产业升级和行业发展需求，体现新知识、新技术、新工艺、新方法、新材料。

2）全面贯彻落实《国家职业教育改革实施方案》，充分借鉴"双元制"先进职业教学模式，采用"校企合作"编写模式。

3）本系列教材根据智能网联汽车行业职业需求和岗位要求，依据汽车行业的能力标准和"1+X"证书技能等级鉴定标准组织相应内容，采用"行动导向、任务引领、学做结合、理实一体"的原则进行教学任务设计，突出体现了以学生为主体，强调学生在做中学，实现了理实一体化教学模式。

4）随着时代的发展，本系列教材强化了学生实习实训内容，并配套开发了信息化资源，适应了"信息化 + 职业教育"的发展需求，运用现代信息化技术改进了教学方式方法。

本系列教材响应国家 1+X 证书制度试点工作，采用活页式教材形式编写，从岗位任务和岗位技能需求出发，培养学生职业岗位技能，实现课程内容与职业技能的融合、技术能力与工作岗位对接、实习实训与顶岗工作学做合一，使学生在学习和实践中了解职业及岗位，培养良好的职业道德和职业素养。

本系列教材在中国汽车工程学会的组织引导下，由多所职业院校教师共同参与完成，其间得到了广大企业及相关合作单位的支持和指导，是智能网联汽车技术专业职业教育领域集体劳动的成果和智慧结晶。在此，谨对付出辛勤劳动的各位作者表示衷心感谢。

智能网联汽车测试装调职业技能等级证书系列教材研发组

前 言

随着智能网联汽车技术的发展，目前 L3 以上的自动驾驶车辆普遍采用了底盘线控技术。该技术涉及机械、液压、电子控制、通信等多个领域，涵盖技术范围广，学科交叉性强。因此，加强底盘线控技术的理论与技能学习，细化底盘线控测试装调作业过程中的规范，对于未来智能网联汽车产业从业人员素质的提高有着重要作用。

为满足行业对智能网联汽车技术专业人才的需求，促进高职院校汽车专业建设，特开发了本教材。本教材具有以下特点：

1）采用模块式编写体例，通过任务驱动，达成学习目标。每一个模块都对应有相关的任务驱动，且配备对应的技能实训工单，可操作性强。

2）以就业为导向，以职业能力培养为核心，注重学生实践应用能力的培养和技能的提升，使学生培养过程实现"理实一体"，旨在为行业培养高素质的汽车智能技术技能人才。

底盘线控技术是高职汽车智能技术专业和智能网联汽车技术专业重要的核心课程之一，根据高职项目教学法，结合智能网联汽车测试与装调1+X 职业技能等级证书中的考核要求，本书从工具使用、总体认知、线控驱动、线控转向、线控制动共 5 个维度进行阐述。每个学习任务包括任务导入、任务分析、任务资讯、任务准备、任务实施、任务评价与小结 6 个步骤，以成果为导向，以项目为依托，重点培养学生在底盘线控领域完成相应工作岗位任务的能力。本教材配有教学课件、任务工单、教学视频等多种教学资源，共同形成立体化教材。

由于作者水平有限，书中疏漏之处在所难免，殷切希望广大读者予以批评指正。

编 者

全书资源总码

活页式教材使用注意事项

 根据需要，从教材中选择需要夹入活页夹的页面。

02 小心地沿页面根部的虚线将页面撕下。为了保证沿虚线撕开，可以先沿虚线折叠一下。注意：一次不要同时撕太多页。

03 选购孔距为80mm的双孔活页文件夹，文件夹要求选择竖版，不小于B5幅面即可。将撕下的活页式教材装订到活页夹中。

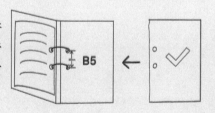

04 也可将课堂笔记和随堂测验等学习资料，经过标准的孔距为80mm的双孔打孔器打孔后，和教材装订在同一个文件夹中，以方便学习。

温馨提示：在第一次取出教材正文页面之前，可以先尝试撕下本页，作为练习

目 录 CONTENTS

学习任务 1
工具设备的使用

智能网联汽车在进行智能传感器、计算平台、智能座舱系统、底盘线控执行系统等部件的装配、检测过程中，为保障人身安全和设备安全，需建立安全用电的意识，严格按照操作规程完成作业。本学习任务中重点讲授触电及触电的危害，触电急救及方法，安全防护与应急处理等内容。

1.1 任务导入

智能网联汽车搭载先进的车载传感器、控制器、执行器等装置，并融合现代通信与网络技术，实现汽车智能化。如果你是一名将要从事智能网联汽车装调、测试的技术员，那么配套的装调、检测的工具、仪器和设备你熟悉吗？如何正确使用它们呢？

1.2 任务分析

知识目标	能认知绝缘工具的概念，并能正确选用绝缘工具。
技能目标	1. 能熟知数字万用表的使用方法，并能正确使用。 2. 能熟知数字示波器的使用方法，并能正确使用。 3. 能熟知 CAN 总线分析仪的使用方法，并能正确使用。
素养目标	1. 养成拆卸安装过程中良好的劳动习惯。 2. 养成应用技术资料完成结构认知自学的职业能力。 3. 能够通过实践项目养成团队协作意识。

1.3　任务资讯

1.3.1　常用装配工具的使用

1. 常用绝缘装配工具的认知

绝缘装配工具是采用绝缘材料制成并适用于电气系统装配、调试、测试等操作的工具。新能源电动汽车涉及高压部分零部件装配，使用绝缘工具能有效防止意外触电事故的发生。新能源电动汽车常用的绝缘装配工具有套筒、呆扳手、螺钉旋具、钳子、电工刀等，如图 1-1 所示。

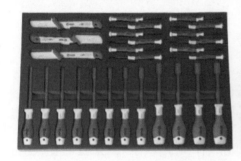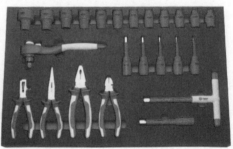

图 1-1　绝缘装配工具

（1）绝缘套筒扳手　执行 VED 和 DIN EN/IEC 60900：2004 标准，通过 10000V 高压测试，耐压 1000V，并通过冲击强度测试、绝缘附着力测试、阻燃测试等，主要用于高压部件螺纹紧固件拆装，如图 1-2 所示。

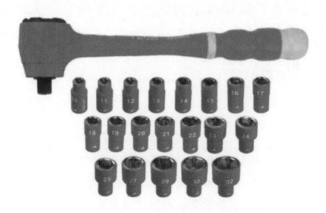

图 1-2　绝缘套筒扳手

注意：使用任何绝缘工具前必须了解被维修车辆或电路的最大电压，切不可盲目使用，以免造成不必要的人身伤害。

（2）注塑型耐高压绝缘梅花扳手　注塑型双色耐高压绝缘梅花扳手受力接触面通过镀镍或镀铬表面处理，具有耐腐蚀、耐磨损、耐高压等优点，耐高压 1000V，专用于拆卸高压母线、高压电池包螺栓、维修开关周边螺栓以及 DC/DC 变换器螺栓，如图 1-3 所示。

（3）电工绝缘螺钉旋具　电工绝缘螺钉旋具俗称螺钉起子，常见的有一字形和十字形两种，一般用于紧固或拆卸螺钉。使用时应根据螺钉的大小选择不同规格的螺钉旋具。使用一字、十字形螺钉旋具时，应注意使旋杆端部与螺钉槽相吻合，手握绝缘手柄进行作业，如图 1-4 所示。

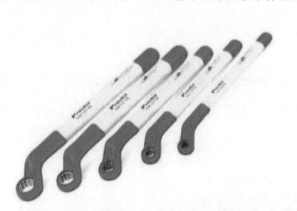

图 1-3　注塑型耐高压绝缘梅花扳手

图 1-4　电工绝缘螺钉旋具

2. 绝缘电动工具

智能网联汽车智能传感器、计算平台、智能座舱系统、底盘线控执行系统等部件的装配中经常要用到各种绝缘电动工具，一般分为 3 个类型。

（1）Ⅰ类工具　Ⅰ类工具是指采用普通基本绝缘的电动工具，在防触电保护方面不仅依靠基本绝缘，而且还应附加一个安全预防措施，即在正常情况下不带电，而当其基本绝缘损坏时变为带电体的外露可导电部分作为保护接零。为了保证可靠，保护接零应不少于两处，并且还要附加漏电保护，同时要求操作者使用绝缘防护用品。

（2）Ⅱ类工具　Ⅱ类工具是指采用双重绝缘或加强绝缘的电动工具，在防触电保护方面不仅依靠其基本绝缘，而且对其正常情况下的带电部分与可触及的不带电的可导电部分做双重绝缘或加强绝缘隔离措施，相当于将操作者个人绝缘防护用品以可靠的、有效的方式设计制作在工具上。

（3）Ⅲ类工具　Ⅲ类工具是指采用安全特低电压供电的电动工具，在防触电保护方面依靠安全隔离变压器供电。在涉及新能源汽车高电压接线、装配、调试中要求工具类型为Ⅱ类以上。

注意：绝缘工具的使用方法与普通工具相同，需要有专门的工具室存放，室内应通风良好，清洁、干燥。如发现绝缘工具损伤或受潮，则应及时进行检修和干燥处理，绝缘性能试验合格后方可使用。绝缘工具必须按规定定期进行绝缘性能的试验，不符合试验要求的禁止使用。

1.3.2　相关仪器设备的使用

1. 数字式万用表

数字式万用表是智能网联汽车配套、检测中要用到的多用途电子测量仪器，有很多特殊功能。其主要功能是对电压、电阻和电流进行测量等，如图1-5所示。

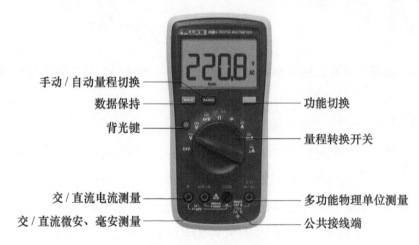

手动/自动量程切换
数据保持
背光键
功能切换
量程转换开关
交/直流电流测量
多功能物理单位测量
交/直流微安、毫安测量
公共接线端

图1-5　数字万用表

数字万用表接线端说明，如图1-6所示。

数字万用表使用方法如下：

1）交流电压的测量。将档位转换开关有黑线的一端拨至"V AC"档位$\tilde{V}$，红表笔插入"V/Ω/→+"插口，黑表笔插入"COM"插口，表笔接触测量点，显示屏上便出现测量值（量程自适应），如图1-7a所示。

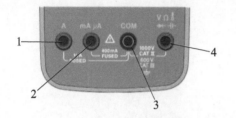

序号	说明
1	用于交流电流和直流电流测量（最大可测量 10A）、频率测量（17B+/18B+）的输入端子
2	用于交流电流和直流电流的微安以及毫安级测量（最大可测量 400mA）、频率测量（17B+/18B+）的输入端子
3	适用于所有测量的公共（返回）接线端
4	用于电压、电阻、通断性、二极管、电容、频率（17B+/18B+）、占空比（17B+/18B+）、温度（仅限 17B+）和 LED 测试（仅限 18B+）测量的输入端子

图 1-6　数字万用表接线端说明

2）直流电压的测量。将档位转换开关拨至"V DC"档位$\overline{\overline{\text{V}}}$，表笔接法同 1），其测量方法与测交流电压相同，如图 1-7b 所示。在测量毫伏级交 / 直流电压时，将档位转换开关拨至"mV AC/DC"档位$\frac{\sim}{\text{mV}}$，按功能切换键切换直流和交流电压测量模式即可测量，如图 1-7c 所示。

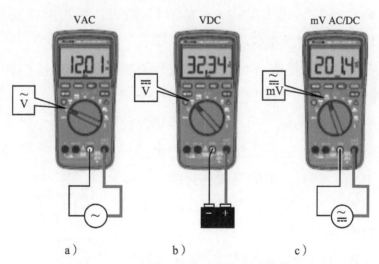

图 1-7　直流和交流电压测量示意图

3）电流的测量。被测交流或直流电流小于 400mA 时，将档位转换开关拨至"mA"档位，红表笔插入"mA/μA"插口，黑表笔插入"COM"插口，将两表笔串联接入被测量电路测量点，接通电路即可显示读数（量程自适应）。当被测交流或直流电流是 μA 级时，将档位转换开关拨至"μA"

档位，其测量方法同上。当被测电流大于 400mA 时，红表笔应换至 "10A" 插口，黑表笔仍插入 "COM" 插口，其测量方法同上，显示值以 "A" 为单位，如图 1-8 所示。

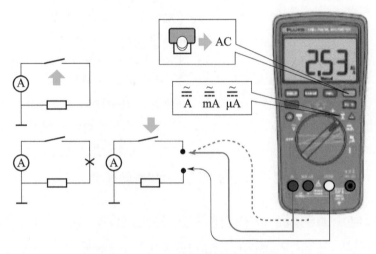

图 1-8　交流和直流电流的测量

4）电阻的测量。将档位转换开关拨至 "Ω/ ➔+ /))))" 档位，红表笔插入 "V/Ω/ ➔+" 插口，黑表笔插入 "COM" 插口，按功能切换键可切换至电阻档模式即可进行测量（量程自适应选择）。

5）线路通、断的检查。将档位转换开关拨至 "Ω/ ➔+ /))))" 档位，红表笔插入 "V/Ω/ ➔+" 插口，黑表笔插入 "COM" 插口，按功能切换键激活通断性蜂鸣器即可进行线路通、断测量。若被测线路电阻小于 70Ω，则蜂鸣器将持续发出提示音，说明线路通路；反之，则表示线路不通或接触不良，如图 1-9 所示。

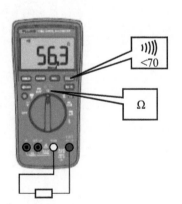

图 1-9　线路电阻 / 通断测量

6）二极管的测量。将档位转换开关拨至 "Ω/ ➔+" 档位，红表笔插入 "V/Ω/ ➔+" 插口，黑表笔插入 "COM" 插口，将红表笔接到待测二极管的阳极，黑表笔接到阴极。读取显示屏上的正向偏压，若测量表笔极性与二极管极性相反，显示读数为 OL，则可以区分二极管的阳极和阴极。

2. 数字示波器

在智能网联汽车车载传感器、控制器、执行器的调试和测试中，数字示波器是常用的测量仪器。其作用是对连续信号进行片断式的采集，将采集到的模拟电压信号转变为数字信号记录下来，再通过显示屏将其重现，从而将肉眼无法识别的电子信号转换成可观测的波形图形。

数字示波器在使用中一般通过调节 X 轴上的时间和 Y 轴上的电压来观测各种物理参数的变化。

（1）示波器常用术语

1）电压比例：每格垂直高度代表的电压值。

2）时基：每格水平长度代表的时间值。

3）触发电平：示波器显示时的起始电压值。

4）触发源：示波器的触发通道，如通道 1（CH1）、通道 2（CH2）。

5）触发沿：示波器显示时的波形上升或下降沿。

6）自动触发：示波器根据信号特点自动设置触发条件。

（2）垂直 Y 轴电压比例调节　示波器显示屏幕纵坐标控制系统可调节电压轨迹在 Y 轴上的显示，用户可通过电压档位调整开关、Y 轴位移旋钮等来调节电压。电压比例垂直方向上显示每个格子所对应的实际电压值，同样的信号使用不同时基的显示情况如图 1-10 所示。

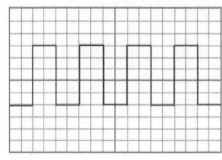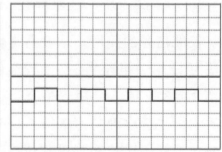

图 1-10　电压比例

（3）水平 X 轴时基调整　示波器显示屏横坐标控制系统可调整时基，时基的选择决定了重复性信号在显示屏上显示的频数，即水平方向显示的每个格子所对应的实际时间值。同样的信号使用不同时基的显示情况如图 1-11 所示。

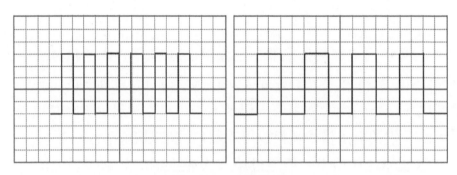

图 1-11　调整时基

（4）调整触发　当触发调节不当时，显示的波形将出现不稳定现象。所谓波形不稳定，是指波形左右移动不能停止在屏幕上，或者出现多个波形交织在一起，无法清楚地显示和锁定波形。图 1-12a 所示为波形不稳定，无法锁定；图 1-12b 所示为正确设定了触发电平，准确锁定波形的情形。

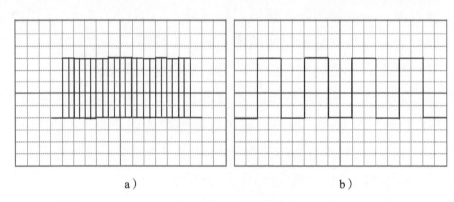

a）　　　　　　　　　　　　　b）

图 1-12　触发调整

（5）校准信号的使用　示波器提供一个频率为 1kHz、电压为 3V 的校准信号，如图 1-13 所示，可用于检查示波器自身的测量是否准确，检查输入探头是否完好；当使用比较法测量其他信号时，可作为标准提供参考信号。

（6）数字示波器的使用方法

1）水平控制（见水平控制功能

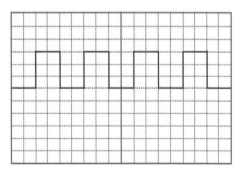

图 1-13　校准信号

键）。按下"ROLL"键进入快速滚动模式，滚动模式的时基范围为 50ms/div.100s/div，如图 1-14 所示。

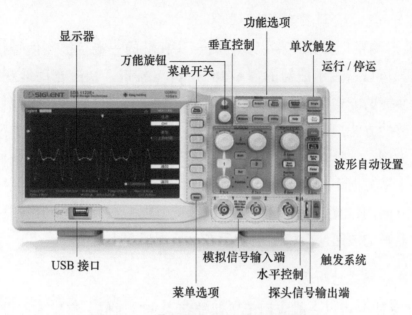

图 1-14　鼎阳数字示波器及按键功能

①水平 Position，修改触发位移。

②水平档位，修改水平时基档位。

2）垂直控制（见垂直控制功能键）。

①"1"模拟输入通道。

②垂直 "Position"，修改对应通道波形的垂直位移。

③垂直电压档位，修改当前通道的垂直档位。

④按下 "Math" 键，打开波形运算菜单。

⑤按下 "Ret" 键，打开波形参考功能。

3）触发控制。

①按下 "Setup" 键，打开触发功能菜单。

②按下 "Auto" 键，切换触发模式为 AUTO（自动）模式。

③按下 "Normal" 键，切换触发模式为 Normal（正常）模式。

④按下 "Single" 键，切换触发模式为 Single（单次）模式。

⑤触发电平 Level，设置触发电平。

4）运行控制。

①按下 "Auto Setup" 键，开启波形自动显示功能。

②按下 "Run/Stop" 键，可将示波器的运行状态设置为"运行"或"停

止"。

5）波形测量。首先连接探头，将探头探针的一端接被测信号，鳄鱼夹接信号地。可以通过示波器的"Auto Setup"按键，快速自动地获取波形，这是一种便捷的方式，针对初学者很方便。除了自动获取波形，我们也要掌握手动调节的方法。鼎阳 SDS1122E 型数字示波器有丰富的触发类型，以上升沿触发为例，选择合适的档位，通过调节垂直档位和时基档位来调整波形在垂直和水平方向上的波形大小，"Position"旋钮可以调节波形在屏幕垂直以及水平方向的位置，"Level"旋钮可以调节电平在波形范围内的位置，满足此触发电平的波形便会稳定地显示在示波器屏幕上。

3. CAN 总线分析仪

CAN 总线分析仪一般应用于工业控制、实时通信、汽车电控设备开发、工业品开发等领域，符合 ISO11898 标准及 CAN2.0A、CAN2.0B 协议规范，如图 1-15 所示。

图 1-15　CAN 总线分析仪

（1）硬件连接

1）总线分析仪供电模块。通过随机附带的 USB 电缆直接连接 PC 的 USB 接口，由 PC 的 USB 接口向 USBCAN-II Pro 接口卡提供 +5V 电源。

2）CAN 总线分析仪的连接。USBCAN-II Pro 总线分析仪 CAN-H 线、CAN-L 线分别与待测车辆的 CAN-H、CAN-L 连接即可建立通信。CAN 总线网络采用直线拓扑结构，总线最远的 2 个终端需要接入 120Ω 的终端电阻。如果节点数目大于 2，则中间节点不需要安装 120Ω 的终端电阻，对于分支连接，其长度不应超过 3m。

3）CAN 总线终端电阻的设置。为了增强 CAN 通信的可靠性，消除

CAN 总线终端信号反射干扰，CAN 总线网络最远的 2 个端点通常要加入终端匹配电阻。终端匹配电阻的值由传输电缆的特性阻抗所决定。例如，双绞线的特性阻抗为 120Ω，则总线上的 2 个端点也应集成 120Ω 终端电阻。USBCAN–II Pro 接口卡采用 82C251 收发器，如果网络上其他节点使用不同的收发器，则终端电阻须另外计算，如图 1–16 所示。

4）系统状态指示灯。USBCAN–II Pro 接口卡具有 1 个 PWR 指示灯、1 个 SYS 指示灯、1 个 CAN1 指示灯、1 个 CAN2 指示灯，以指示设备的运行状态，如图 1–17 所示。USBCAN–II Pro 接口卡上电后，4 个指示灯同时点亮，之后 PWR 和 SYS 常亮，但 CAN1 和 CAN2 灯不亮，表明设备已经供电，系统完成初始化；否则，表示存在系统电源故障或其他故障。USB 接口连接正常后，当 PC 端有上位机软件调用 USBCAN 设备时，USB 信号指示灯 SYS 会闪烁。此时当 CAN1 或 CAN2 有数据收发时，对应的 CAN1、CAN2 指示灯就会闪烁。若 SYS 闪烁但 CAN1 或 CAN2 指示灯不亮，则说明 CAN 通道无数据，应检查接线、通信比特率、匹配电阻等是否正确。

图 1–16　CAN 总线分析仪终端电阻设置

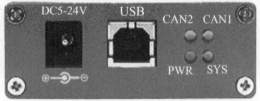
图 1–17　CAN 总线分析仪状态指示灯

（2）ECANTools 软件　ECANTools 软件是广成科技有限公司自主开发的调试软件，USB 转 CAN 卡配合该软件可以快速进行 CAN 总线数据收发，实现 PC 到 CAN2.0A 和 CAN2.0B 协议总线（包括标准帧、扩展帧、数据帧、远程帧）的双向通信。其发送界面有普通模式和列表模式。

1）普通发送模式。普通发送模式非常直观，所有设置选项均在主界面中，可直接设置，如图 1–18 所示。

2）列表发送模式。列表发送模式可以将 CAN 帧添加到发送列表中，发送列表可同时发送多条不同的报文，并可循环发送，列表可保存到本地并可加载。此功能适用于 CAN 卡同时调试多个 CAN 节点，或需要按时序发送数据。用户可根据自己的习惯选择使用，如图 1-19 所示。

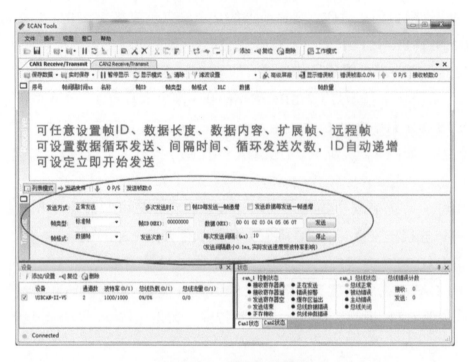

图 1-18　普通发送模式

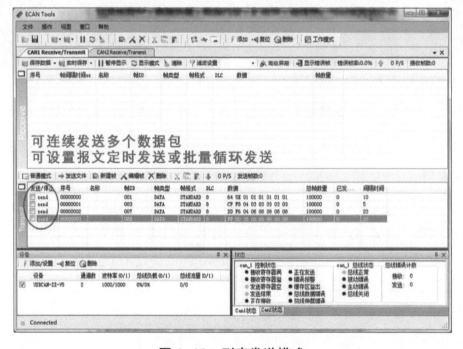

图 1-19　列表发送模式

3）比特率（软件中称作波特率）自动识别。ECANTools 软件可以自动识别总线比特率，当用户在不知道 CAN 总线比特率的时候，软件的自动识别比特率功能会帮助用户识别。识别比特率分为两种模式：标准比特率识别和全范围比特率识别，如图 1-20 所示。

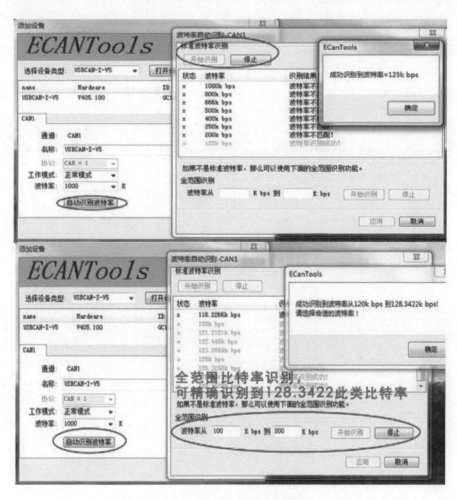

图 1-20　比特率识别

（3）CAN 总线分析仪的使用方法　ECANTools 软件自带 CAN 总线分析功能，当 CAN 总线连接错误时，可以很直观地帮助用户分析 CAN 总线干扰和测试 CAN 总线状态，如图 1-21 所示。

当接收到 CAN 总线上的错误帧时会指示错误帧类型，统计错误帧率，便于用户分析 CAN 总线状态并快速定位发送错误帧的节点，如图 1-22 所示。

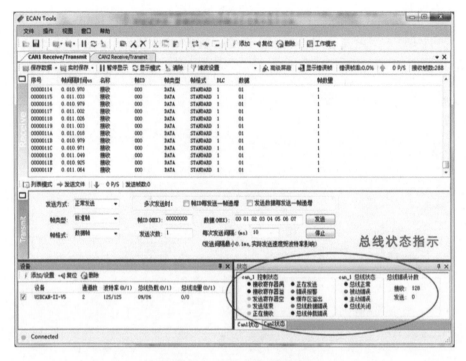

图 1-21　CAN 总线分析

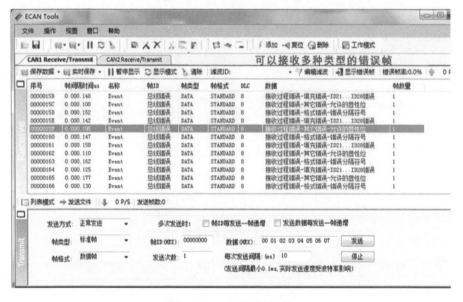

图 1-22　错误帧统计

1）数据转发功能。数据转发功能可将某一通道接收到的 CAN 数据发送回当前总线或通过另一条通道发送出去，转发功能支持数据过滤，用户可以非常灵活地将滤波功能与转发功能一起使用，将双通道 USBCAN 设备作为连接两条 CAN 总线的网关，只将想要的数据转发过去。典型应用有：

①CAN 总线学习、设备开发人员可使用此功能将设备自身发送的数据经过 USBCAN 转发回来接收，从而判断设备的发送、接收功能是否正常，数据是否正确。

②汽车电子开发诊断的用户可使用此功能将想要的数据过滤出来之后通过另一个通道发出，用于屏蔽一些无关数据，如图 1-23 所示。

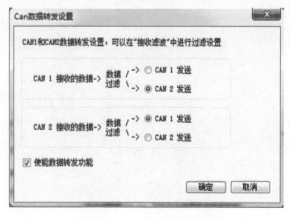

图 1-23　CAN 数据转发

2）智能多段滤波功能。智能滤波功能不再需要计算复杂的屏蔽码和验证码，只需简单设置用户需要过滤显示的 ID 或 ID 段即可对应接收。比如设置接收 ID 从 100~200，那么只需在滤波设置界面输入起始数值，则系统只接收该 ID 段的数据，滤波段可设置多个并可同时使用，如图 1-24 所示。

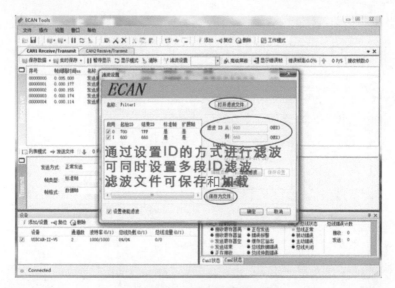

图 1-24　智能多段滤波

3）总线只听模式功能。可以设置 USB 转 CAN 卡"只听模式"，在这种模式下，设备只接收 CAN 总线上的数据，不向总线发送回应数据包，适合在正在运行的 CAN 总线系统中，截获总线数据进行分析，如图 1-25 所示。

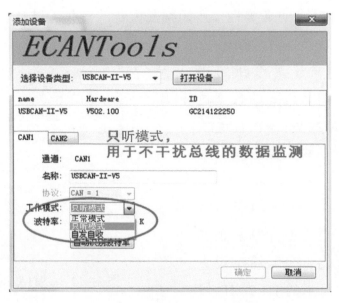

图 1-25　总线只听模式选择

4）实时数据统计显示功能。可以按如下统计规则，将接收到的数据实时分类显示，此功能非常便于将相同的帧合并到一起显示，便于数据分析和处理，如图 1-26 所示。

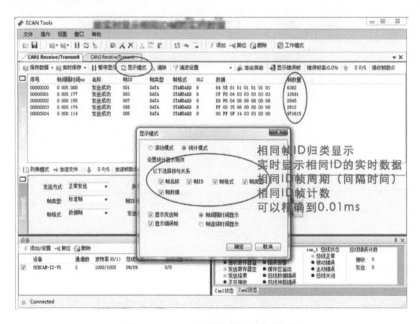

图 1-26　实时数据统计显示

⮕ 资讯小结

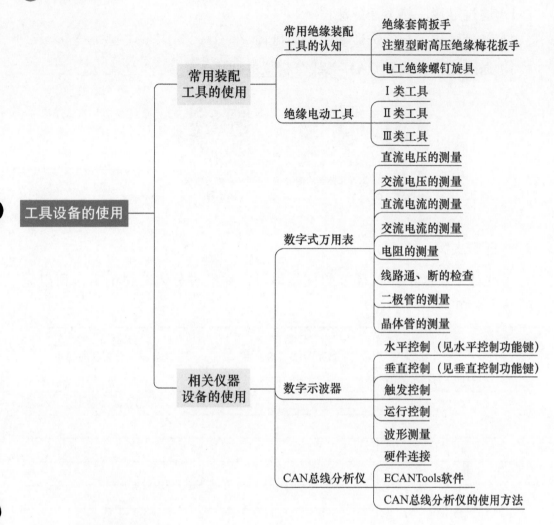

1.4 任务准备

1. 任务计划

（1）工具设备介绍

子任务模块	设备工具	功能备注
任务 1 数字示波器的使用	数字示波器 信号发生器 示波器通道采集线	信号发生器用于模拟产生各种不同的信号 示波器用于采集验证信号发生器产生的各种信号
任务 2 CAN 总线分析仪的使用	CAN 总线分析仪 装有上位机软件的计算机 相关线材	使用计算机和 CAN 总线分析仪验证通信功能

（2）实操预演

1）通过链接，熟悉任务流程。

2）通过链接，观看示波器的使用过程。

3）通过链接，观看 CAN 总线分析仪的使用方法。

2. 任务决策

通过对"实操预演"环节的视频学习，并经过分析与讨论后，列出完整的操作步骤。

步骤	任务 1 数字示波器的使用	任务 2 CAN 总线分析仪的使用
1		
2		
3		
4		
5		
6		
7		
8		
9		

1.5 任务实施

1.5.1 数字示波器的使用

1. 前期准备

（1）安装前检查 准备好数字示波器、测量线束、信号发生器、信号发生器线束等设备，并进行外观检查。

（2）数字示波器检查

1）外观结构完整，屏幕显示正常。

2）工具齐全，使用功能正常。

根据实际情况在"□"位置上打"√"			
外观有无破损	有□　无□	表笔测量头有无磨损	有□　无□
屏幕有无坏点	有□　无□	工具使用功能是否正常	是□　否□
线束绝缘外层有无损坏	有□　无□	工具是否齐全	是□　否□

（3）信号发生器检查

1）外观结构完整，屏幕显示正常。

2）工具齐全，使用功能正常。

根据实际情况在"□"位置上打"√"			
外观有无破损	有□　无□	表笔测量头有无磨损	有□　无□
屏幕有无坏点	有□　无□	工具使用功能是否正常	是□　否□
线束绝缘外层有无损坏	有□　无□	工具是否齐全	是□　否□

2. 实操演练

实施步骤	标准/图示	操作要点
打开信号发生器电源		连接信号发生器电源，打开信号发生器电源开关
连接示波器电源，打开示波器电源开关	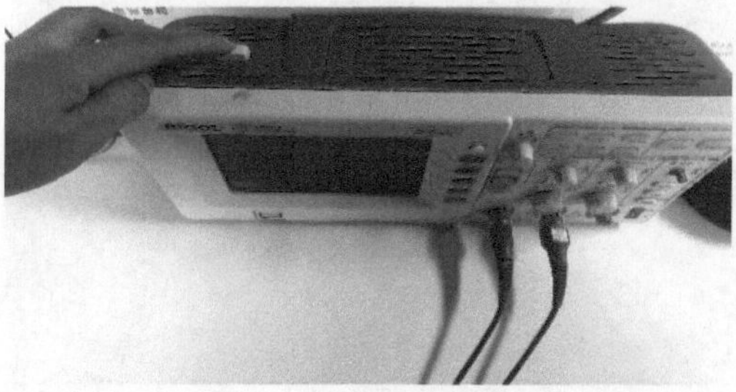	安装示波器测量线束

（续）

实施步骤	标准 / 图示	操作要点
调节增益开关		测量波形时可以根据波形调节补偿增益
示波器校准	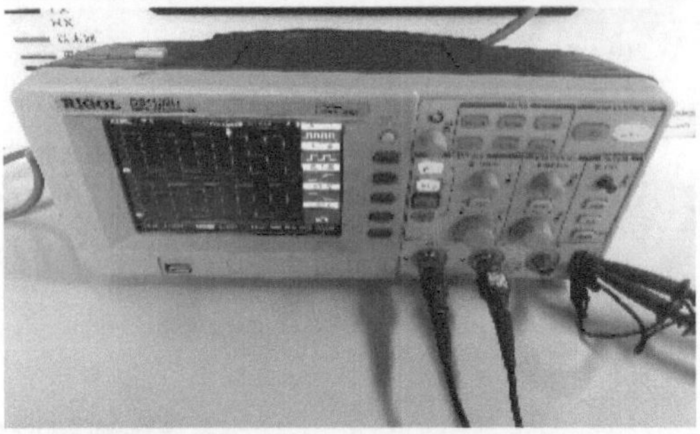	将鳄鱼夹与测量头分别连接到1kHz标准输出方波的两端，观察波形与周期幅值是否标准
连接测量线束	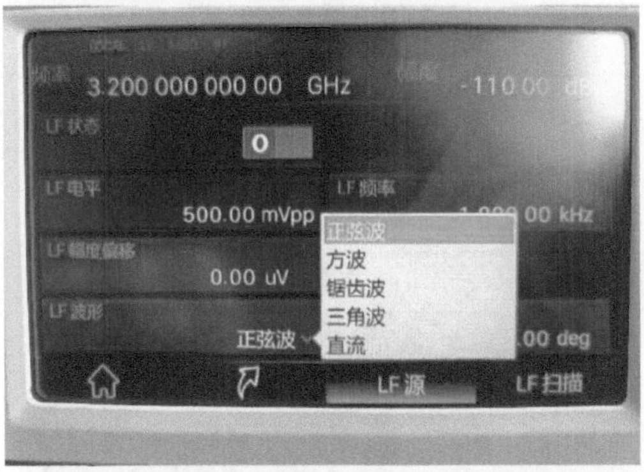	连接信号发生器输出线束，调整输出信号为方波信号与正弦信号
测量检测	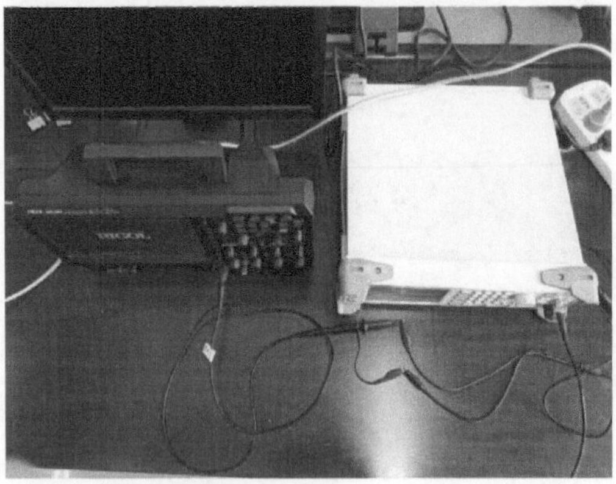	测量线束测量头与鳄鱼夹分别连接示波器输出线束的两端，选择通道，观察采集到的波形，对横向时基与纵向幅值标度进行调整，观察波形变化

（续）

实施步骤	标准 / 图示	操作要点
保存数据	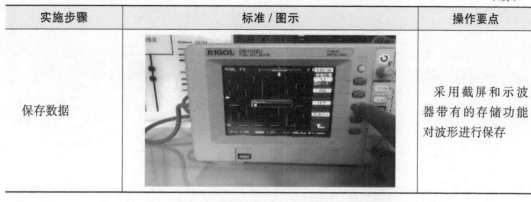	采用截屏和示波器带有的存储功能对波形进行保存

1.5.2　CAN 总线分析仪的使用

1. 前期准备

（1）安装前检查　准备好安装有上位机软件的计算机、CAN 总线分析仪、线束并检查外观的完整性。

（2）CAN 总线分析仪检查与测试

根据实际情况在"□"位置上打"√"			
终端电阻检查是否正常	是 □　否 □	外观是否正常	是 □　否 □
指示灯是否正常	是 □　否 □	发送测试是否正常	是 □　否 □
接收测试是否正常	是 □　否 □	线束是否齐全	是 □　否 □

实施步骤	标准 / 图示	操作要点
连接 CAN1 通道和 CAN2 通道的 CAN-H 和 CAN-L 信号线	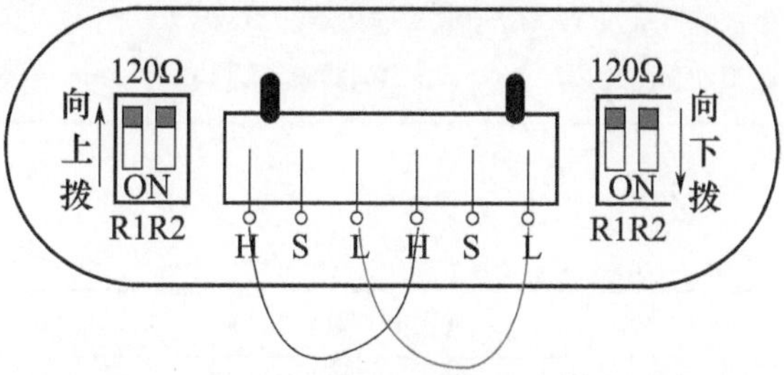	CAN-H 线与 CAN-L 线之间连接不能错位
运行 USB-CAN Tool 测试工具，完成 USB-CAN 测试工具自动测试	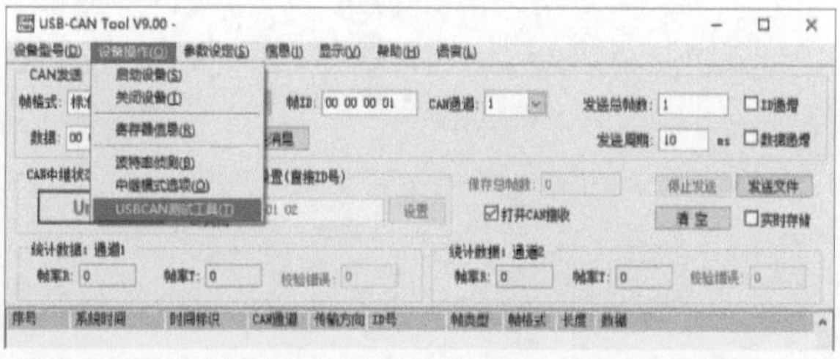	测试过程中，必须先关闭设备

021

（续）

实施步骤	标准 / 图示	操作要点
测试中	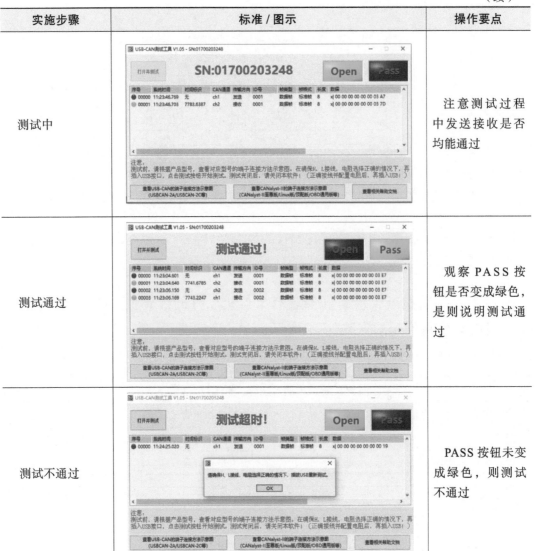	注意测试过程中发送接收是否均能通过
测试通过		观察 PASS 按钮是否变成绿色，是则说明测试通过
测试不通过		PASS 按钮未变成绿色，则测试不通过

2. 实操演练

实施步骤	标准 / 图示	操作要点
连接 CAN 总线分析仪线束	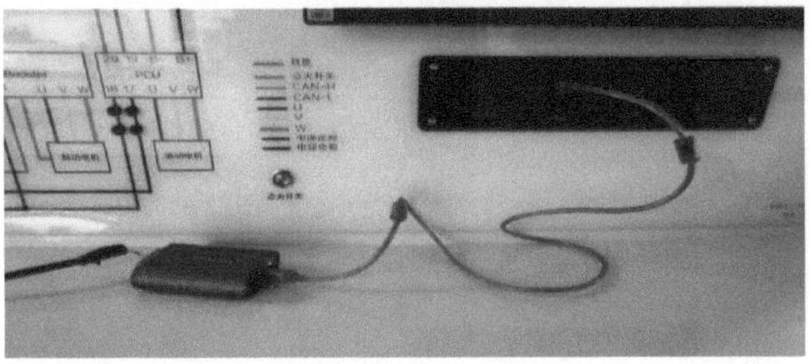	将 CAN 总线分析仪插在计算机的 USB 接口上，检查分析仪状态，绿灯表示设备准备就绪

（续）

实施步骤	标准 / 图示	操作要点
打开并设置上位机软件	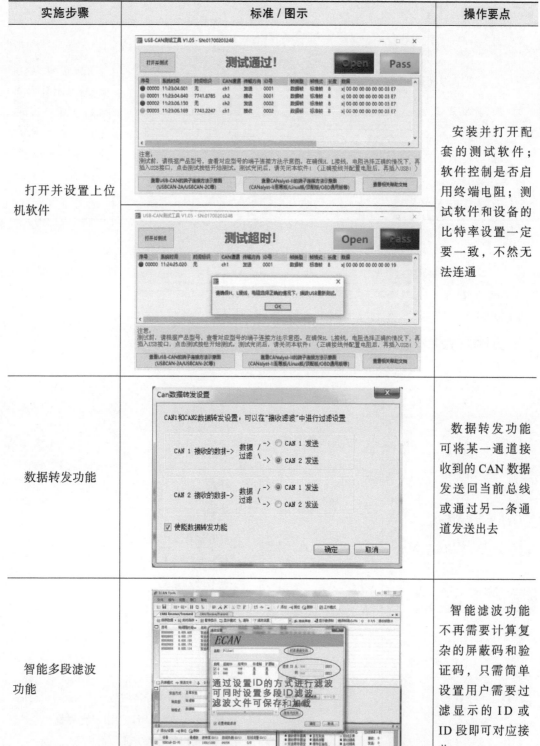	安装并打开配套的测试软件；软件控制是否启用终端电阻；测试软件和设备的比特率设置一定要一致，不然无法连通
数据转发功能		数据转发功能可将某一通道接收到的 CAN 数据发送回当前总线或通过另一条通道发送出去
智能多段滤波功能		智能滤波功能不再需要计算复杂的屏蔽码和验证码，只需简单设置用户需要过滤显示的 ID 或 ID 段即可对应接收

学习任务 1
学习任务 2
学习任务 3
学习任务 4
学习任务 5

（续）

实施步骤	标准／图示	操作要点
总线只听模式功能	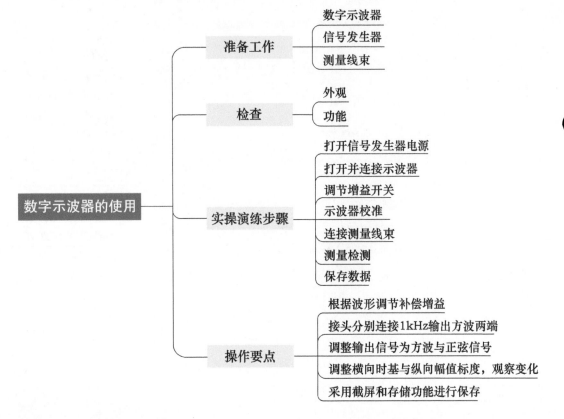	可以设置 USB 转 CAN 卡只听模式，在这种模式下，设备只是接收 CAN 总线上的数据

1.6 任务评价与小结

1. 任务评价

见附录 A 和附录 B。

2. 任务小结

数字示波器的使用
- 准备工作
  - 数字示波器
  - 信号发生器
  - 测量线束
- 检查
  - 外观
  - 功能
- 实操演练步骤
  - 打开信号发生器电源
  - 打开并连接示波器
  - 调节增益开关
  - 示波器校准
  - 连接测量线束
  - 测量检测
  - 保存数据
- 操作要点
  - 根据波形调节补偿增益
  - 接头分别连接1kHz输出方波两端
  - 调整输出信号为方波与正弦信号
  - 调整横向时基与纵向幅值标度，观察变化
  - 采用截屏和存储功能进行保存

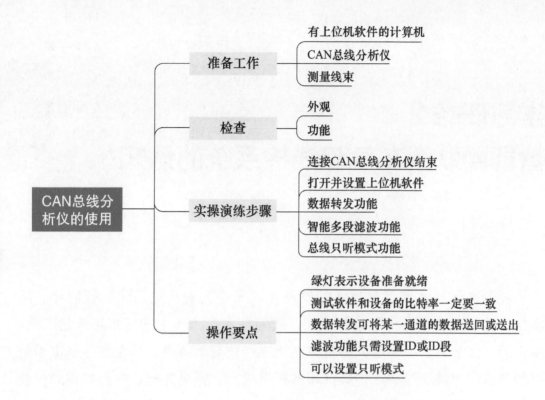

学习任务 2
智能网联汽车底盘线控系统的认知

随着电子技术和信息技术的发展，汽车正朝着"电动化、智能化、网联化、共享化、轻量化"趋势发展，线控技术在汽车上的应用越来越广泛。原有的一些笨重、精确度低的机械系统逐步被灵敏度高、精准性强的电子传感器和执行元件所代替。传统汽车的操纵机构、操纵方式、执行机构经过技术的融合创新呈现颠覆式变革。线控技术是未来汽车发展的关键技术之一。本学习任务主要以底盘线控系统为主，介绍底盘线控技术的发展现状、车辆的控制技术、底盘线控系统的组成。

2.1　任务导入

某整车生产厂家生产一款智能网联汽车，你作为线控底盘系统装调人员，首先要了解底盘线控系统的发展现状、车辆整体的控制技术、底盘线控系统的组成等基础知识，这有助于理解装调工艺作业指导文件，以便顺利完成底盘线控系统的装调工作。

2.2　任务分析

知识目标	1. 能够查阅随车资料，读懂线控底盘系统结构布置图及相关电路图。 2. 能够在线控底盘实车上，找到各个系统的零部件位置，初步认知各部件间的位置及逻辑关系。 3. 能够根据系统组成结构，简述线控底盘转向系统、制动系统以及驱动系统的功能及作用。

（续）

技能目标	1. 能够理解装调工艺作业指导文件。 2. 能够根据操作规范及技术要求完成底盘线控系统的基本认知。
素养目标	1. 养成拆卸安装过程中良好的劳动习惯。 2. 养成应用技术资料完成结构认知自学的职业能力。 3. 能够通过实践项目养成团队协作意识。

2.3　任务资讯

2.3.1　底盘线控系统的发展现状

1. 线控技术的起源及应用

线控技术最早应用于飞机，被称为电传操纵技术。其基本原理是将飞机的各类信号通过传感器转换为电信号，将电信号输入电子控制单元（ECU），ECU 输出控制指令控制各执行器（副翼、升降舵等）动作，从而控制飞机的航向和高度等。

汽车线控技术由飞机的线控技术演化而来，同样由传感器、控制器和执行器等组成，用导线和电子元器件取代传统的机械和液压传动装置。通过线束将传感器所采集的信息和驾驶员的驾驶意图传输给控制器，控制器控制相应执行机构工作，实现汽车的驱动、转向、制动等功能，并通过传感器将车辆状态反馈给控制器。

随着汽车电子技术的发展，电子控制系统在汽车中的应用范围越来越广，汽车也越来越趋向于集成化、模块化、机电一体化及智能化方向发展。汽车线控技术在智能网联汽车发展及新能源汽车应用中显得尤为突出。全球零部件巨头舍弗勒将旗下智能驾驶的 Space Drive 线控技术、Mover 平台系统、90° 智能线控转向模块等底盘系统相关的机电一体化产品和技术引入一个新的发展领域。

2. 国内外线控技术的发展历程与现状

（1）国外线控技术的发展历程与现状　国外线控汽车研究开始得比较早，时至今日已经有很久远的历史。20 世纪五六十年代，美国 TRW 等转向系统供应商和德国 Kasselmann 等就试图将转向盘和转向车轮之间用控制信号替代原有的机械连接，这就是早期线控转向系统原型。德国奔驰公司于 1990 年开始研究分析前轮线控转向系统，并将此研究成果应用于 F400 Carving 概念车上。美国克莱斯勒公司开发了电子驱动概念车 R129，该车取消了转向盘、加速踏板和制动踏板，完全采用操纵杆控制，实现了线控驱动（Drive by Wire，DBW）技术。德国宝马汽车公司开发了 BMW Z22 概念车，如图 2-1 所示，应用了线控转向（Steer by Wire，SBW）和线控制动（Brake by Wire，BBW）及线控换档技术。

在 2013 年的北美车展上，英菲尼迪的 Q50 成为第一款应用"线控主动转向（Direct Adaptive Steering，DAS）"的量产车型，如图 2-2 所示。DAS 源于美国国家航空航天局（NASA）在 1972 年最早使用在航天科技上的电传操纵系统（Flying by Wire），是汽车进入自动驾驶时代最重要的技术之一，它颠覆了 100 多年的汽车机械转向的历史。DAS 系统使车辆能够快速地完成入弯、切弯、出弯的连续动作，彰显英菲尼迪出色的底盘调校技术功底。2017 年耐世特公司开发了由"静默转向盘系统"和"随需转向系统"组成的线控转向系统，该系统可随需转向，在自动驾驶时转向盘可以保持静止，并可收缩至组合仪表上，从而提供更大的车内空间。

图 2-1　宝马 Z22 概念车　　　　图 2-2　英菲尼迪 Q50

在 2001 年第 71 届日内瓦国际汽车展览会上，意大利 Berstone 汽车设计及开发公司展示了新型概念车 FILO。该车采用了 DBW 技术，所有的驾驶动作都通过信号传递，使用操纵杆进行转向操作，并采用最新的 42V 供电系统。2003 年，日本丰田公司在纽约国际车展上展出了 Lexus HPX 概念车，该车采用了 SBW 系统，在仪表盘上集成了各种控制功能。2005 年，美国通用汽车公司推出氢燃料驱动 - 线传操作的 Hy-Wire 概念车和 Sequel 概念车，转向、制动和其他一些系统均采用线控技术。美国斯坦福大学的动态设计实验室开发了"P1"线控转向电动汽车，该车具有 2 套独立的前轮线控转向系统，冗余设计为该车的安全提供了保障。

2010 年，丰田公司推出了 FT-EV Ⅱ 概念车，该车采用线控技术，通过操纵杆实现加速、制动、转向等全部功能。日本日产公司在 2006 年和 2008 年先后推出了 PIVO 概念车和 EA2 概念车，其转向系统和制动系统均采用了线控技术。除此之外，法国雪铁龙、韩国现代和起亚等相继推出采用线控技术的概念车。

（2）国内线控技术的现状　中国对线控汽车的研究起步较晚，与国外技术研究水平差距较大。中国偏重于线控系统理论研究。吉林大学提出了线控转向系统理想转向传动比的概念，并设计了稳态增益与动态反馈校正控制算法，开发了线控转向试验车，进行了控制算法的实验验证，在线控转向系统的控制和应用方面取得了一定成果。武汉理工大学对线控转向系统的控制策略和相关控制器进行了研究；江苏大学也对线控转向系统的硬件在环系统进行了研究。北京理工大学针对线控转向系统提出了基于线控转向系统的主动转向控制策略以及全状态反馈控制算法，并进行了仿真验证，取得了一定成果。国内典型代表为由同济大学和上海汽车动力有限公司承担的国家 863 计划（国家高技术研究发展计划）燃料电池轿车项目，"春晖"系列电动车作为该项目组的主要成果之一，其最大特点是将驱动、制动、测速、悬架分别集成了 4 个独立模块，充分发挥电机控制灵活、快速的优势，明显改善了新能源汽车的综合性能。

2020 年 3 月，长安全新跨界车型长安 UNI-T 在重庆完成了首个 L3 自动驾驶的量产体验，如图 2-3 所示。该车在交通拥堵情况下，可实现驾驶员的长时间脱脚、脱手，车载传感器采集车速、转向盘转角等信号，通过电子控制单元进行信息处理后，向转向盘操纵模块和制动器操纵模块发送指令，完成车辆横向运动与纵向运动的协调控制。若驾驶员在系统提醒接管后不接管，车辆的线控制动系统将自动缓慢减速至停车。当解除拥堵，前车车速高于 40km/h 后，线控驱动系统和线控转向系统自动控制车速与转向，确保驾驶员无法监视时，保持车辆在本车道内平顺行驶。

图 2-3　长安 L3 自动驾驶车辆

2.3.2　底盘线控系统的概念

1. 底盘线控技术的特征

1）线控底盘的操纵机构和执行机构没有机械连接和机械能量的传递。

2）线控底盘的操纵指令由传感元件感知，以电信号的形式由网络传递给电子控制器及执行机构。

3）线控底盘的执行机构是用外来能源完成操纵指令及相应的任务操作的，其执行过程和执行结果受电子控制器的监测和控制。

2. 底盘线控技术的优点

1）底盘线控系统结构简单，可以减少耗材，节省制造成本，同时优化驾乘空间，增加车辆舒适性。

2）底盘线控系统控制灵活，灵敏度及精确度较高，用电信号替代机械传输，优化控制结果，能够实现汽车的柔性连接，且车身与底盘可以独立分开。

3）底盘线控系统节约能源，减少损耗，部分车辆具备能量回收装置，可以提升能源的利用率。

3. 底盘线控技术的缺点

底盘线控系统中由于电子元器件增多，电子设备会存在电磁干扰、器件失效、软件程序设计复杂、易受网络攻击等问题。车辆在行驶过程中，一旦电路失效，就会导致致命性的灾难——转向失灵、无法控制加速踏板或者无法制动等。因此，线控技术要在系统的稳定性、可靠性及安全性等方面下足功夫，攻克难关。

2.3.3　底盘线控系统的认知

1. 底盘线控系统的功能

线控技术是实现汽车智能化、电动化以及能量回收的重要前提条件。汽车底盘是汽车的重要组成部分之一，底盘线控技术水平直接关系到汽车的加减速响应时效、转向灵活性等功能。随着汽车智能化水平的提高，底盘整体系统受益较大。底盘线控技术的快速发展大大降低了车辆机械系统的复杂程度，控制执行单元可以随时监测车辆的实时运行状态，给车辆发出最佳控制信号，以便获得汽车整体的最佳性能，提高汽车的安全性、稳定性、操纵性，提升汽车节能环保的效能。

2. 底盘线控系统的组成

目前，底盘线控系统中最为核心的是线控驱动、线控转向、线控制动三大系统，如图 2-4 所示。线控驱动系统掌控着自动驾驶中加速和减速时动力的增加和减小；线控转向系统掌控着自动驾驶的路径与方向的精确控制；线控制动系统掌控着自动驾驶的底盘安全性和稳定性控制。

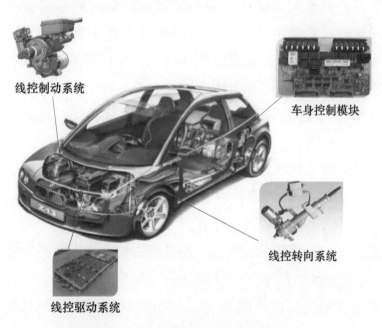

图 2-4　底盘线控系统示意图

（1）线控驱动系统的组成　汽车底盘线控驱动系统根据驾驶员的动作和汽车本身的各种行驶信息综合分析驾驶员的意图，精确控制动力装置的输出功率和车轮驱动力的大小，以提高车辆整体的动力性、经济性和操纵稳定性。

汽车线控驱动系统主要由整车控制器、传感器、电机控制器、驱动执行器等组成，如图 2-5 所示。

整车控制器　　　　　传感器　　　　　电机控制器　　　　驱动执行器

图 2-5　线控驱动系统结构部件图

对于传统内燃机汽车，加速踏板与节气门之间通过电信号进行控制来取代原来的机械传动的这种形式又被称为线控节气门；对于电动汽车，驱动执行器即为驱动电机，其可能是单电机的中央驱动电机，也可是多轮独立电机。因此，线控驱动系统包括传统内燃机汽车和多轮独立驱动电动汽车线控驱动控制。

（2）线控转向系统的组成　线控转向系统通过传感器检测到转向盘转角信号，并将其发送给电控单元，电控单元根据车辆信息完成转向助力控制。该系统具有根据不同车速提供最优助力、保证高速时可靠的稳定性、提供适当路面反馈量、节约能源等优点。

线控转向系统由路感反馈总成、转向执行总成、控制器以及相关传感器组成，如图 2-6 所示。

（3）线控制动系统的组成　线控制动系统用集成制动控制装置取代真空助力器，通过 CAN 总线接收主控单元发出的控制指令，驱动电机推动制动主缸，执行制动指令。对于新能源汽车，可同时取消电子真空泵，节省安装空间，减少系统复杂程度。该系统还具有主控能量回收的功能，从而增加电动汽车（或混合动力汽车）的续驶里程，既节能又环保。

线控制动系统主要由接收单元、制动控制器和执行单元组成如图 2-7 所示。

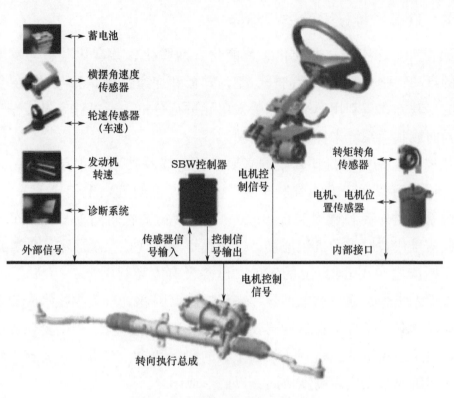

图 2-6　线控转向系统的组成

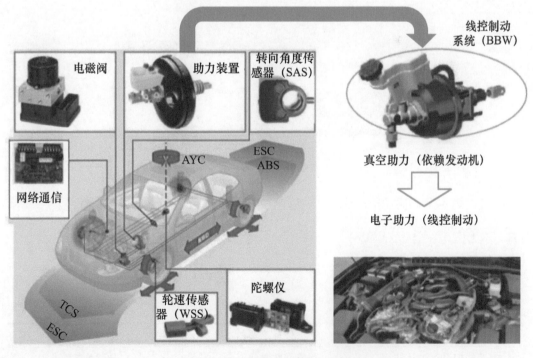

图 2-7　线控制动系统组成

2.3.4 底盘线控技术的未来趋势

随着汽车逐步向"电动化、智能化、网联化、共享化"趋势发展，在未来的自动驾驶车辆上，转向杆、制动踏板和加速踏板等都将不再保留，更先进的驾驶方式是利用车辆智能感知单元进行分析，通过线束将工作指令传递给转向或制动系统来实现自动驾驶。

线控底盘是实现自动驾驶的必要条件。线控技术并非专用于无人驾驶车辆，同样可以用于有人驾驶车辆。早在 20 世纪五六十年代，美国 TRW 等转向系统供应商和德国 Kasselmann 等，就试图在转向盘与转向车轮之间用控制信号代替原有的机械连接，这就是早期的线控系统原型。随着自动驾驶的不断演进，在 L4 以上的车里，已经没有人类驾驶员，"大脑"的意向表达或操纵指令是通过"电信号"来传递的。因此，全线控技术底盘是自动驾驶车辆的必要条件。在自动驾驶的感知、决策、执行三个主要环节中，线控底盘属于最关键的执行端，相当于人的胳膊和腿，与扮演"大脑"角色的上层技术解决方案实现高度协同，以此形成闭环。

➲ 资讯小结

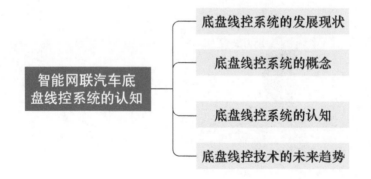

2.4 任务准备

1. 任务计划

（1）工具设备介绍

任务模块	设备工具	功能备注
底盘线控系统的认知	智能网联整车 1 台	部件认知

（2）实操预演

1）通过链接，熟悉任务流程。

2）通过链接，观看底盘线控系统的组成与功能介绍。

| 实操预演 | 线控驱动系统的认知 | 线控转向系统的认知 | 线控制动系统的认知 |

2. 任务决策

通过对"实操预演"环节的视频学习，并经过分析与讨论后，列出完整的操作步骤。

步骤	任务 底盘线控系统的认知
1	
2	
3	
4	
5	
6	
7	
8	

2.5　任务实施

1. 前期准备

1）准备任务实施需要的器材工具：维修手册、标签纸。

2）准备安全防护装置：安全帽、绝缘手套。

3）实训车辆准备。

学习任务 1　学习任务 2　学习任务 3　学习任务 4　学习任务 5

2. 实操演练

实施步骤	认知要点
查阅手册资料	查阅实训车辆资料手册与电路图
线控驱动系统认知	实车认知线控驱动系统各部件及连接方式
线控转向系统认知	实车认知线控转向系统各部件及连接方式
线控制动系统认知	实车认知线控制动系统各部件及连接方式
学习效果评价	（1）线控底盘系统由（　　）组成。 　　A.线控驱动系统 　　B.线控转向系统 　　C.线控制动系统 （2）线控底盘系统有（　　）优点。 　　A.结构简单、节省成本 　　B.控制灵活 　　C.节省能源，提高利用率 （3）汽车底盘线控系统依靠（　　）来传递信号。 　　A.机械能量 　　B.电信号 　　C.化学能量
实车认知考核	教师随机抽取4名同学进行考核，在线控底盘实物上找到底盘线控系统各部件的位置

2.6　任务评价

见附录C。

学习任务 3
线控驱动系统安装与调试

3.1 任务导入

某整车生产厂家正在生产一款智能网联汽车，你是线控底盘系统装配和调试人员，昨天跟随师傅学习了线控驱动系统的组成与工作原理。师傅要求你今天自主完成线控驱动系统中驱动电机的结构原理记录与驱动系统的安装调试工作。

某整车生产厂家正在生产一款智能网联汽车，其中驱动系统机械部分已经安装调整完毕，两名检测标定人员需要完成加速踏板模块的电气性能检测，并依据通信协议对驱动线控部分进行安装与测试，完成线控驱动系统CAN通信检测与报文测试。

3.2 任务分析

知识目标	1. 能查阅随车资料，识记线控驱动系统各部分组成名称。 2. 能对应随车资料，找到线控驱动系统各部件位置，初步认知各部件之间的位置关系，并在车辆上指明部件所在位置。 3. 能掌握线控驱动系统的工作原理，以及各个部件的作用。 4. 能讲述驱动电机的分类和工作原理。
技能目标	1. 能够识读线控驱动系统电路图。 2. 能够正确熟练连接整车控制器（VCU）与电机控制器（MCU）之间的线束。 3. 能够使用示波器与CAN总线分析仪检测MCU的CAN总线波形与数据。 4. 能够熟练使用CAN卡发送相应报文，完成线控驱动系统测试。

（续）

素养目标	1. 养成拆卸安装过程中良好的劳动习惯。 2. 养成应用技术资料完成结构认知自学的职业能力。 3. 能够通过实践项目养成团队协作意识。

3.3 任务资讯

3.3.1 线控驱动系统的功能

线控驱动系统根据驾驶员动作和汽车各种行驶信息，分析驾驶员意图，精确控制动力装置输出功率和车轮驱动力以提高汽车动力性、经济性和操纵稳定性。对于传统内燃机汽车，加速踏板与节气门之间通过电信号进行控制来取代原来的机械传动，这种形式又被称为线控节气门，线控节气门控制系统主要由加速踏板、踏板位移传感器、ECU、数据总线、伺服电机和节气门执行机构组成。对于电动汽车，线控驱动系统一般由整车控制器、电机控制器、驱动电机、机械传动装置等组成，如图3-1所示。

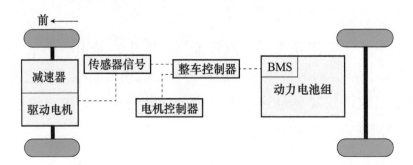

图3-1 电动汽车线控驱动系统

整车控制器根据驾驶员对车辆的操纵输入（加速踏板、制动踏板以及选档开关）、车辆状态、道路及环境状况，经分析和处理，向电机控制器发出相应的指令，控制电机的驱动转矩来驱动车辆，以满足驾驶员对车辆驱动的动力性要求；同时根据车辆状态，向电机控制器发出相应指令，保证安全性和舒适性。

电机控制器通常属于二级控制器，按整车控制器的指令和驱动电机的转速、位置信号，对驱动电机的驱动转矩和旋转方向进行控制，电机控制器与驱动电机必须配套使用。目前，驱动电机主要采用调压、调频等方式调速，具体采用哪种调速方式，取决于选用的驱动电机类型。动力蓄电池以直流电方式供电，若选用直流电机，则通过DC/DC变换器进行调压调速控制；若选用交流电机，则通过DC/AC变换器进行调频调压矢量控制；若选用开关磁阻电机，则通过控制其脉冲频率来进行调速控制。

驱动电机需要承担电动机和发电机的双重功能，在正常行驶时将电能转化为机械能发挥其电动机的功能；而在减速制动时将车轮的惯性动能转换为电能。根据汽车行驶时的特性分析可知：汽车在起步和爬坡时要求有较大的转矩、相当的短时过载能力、较宽的调速范围和理想的调速特性，即在低速时为恒转矩输出，在高速时为恒功率输出。

机械传动装置将驱动电机的驱动转矩传输给汽车的驱动轴，从而带动车辆行驶。驱动电机本身具有良好的调速特性，故变速机构可被极大简化。电动汽车较多采用一种固定速比的减速装置放大驱动电机的输出转矩。驱动电机可带负载直接起动，且利用驱动电机实现正反向旋转，故可省略传统汽车的离合器、倒档机构。轮毂电机在电动乘用车领域已研发应用，分散驱动的"零传动"方式将彻底简化传动系统的机械部件。

线控节气门（图3-2）这项技术可以为驾驶员带来以下好处：

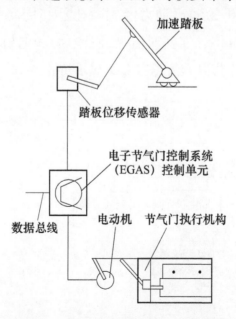

图 3-2　传统汽车线控节气门原理图

学习任务 1

学习任务 2

学习任务 3

学习任务 4

学习任务 5

1）由于节气门角度由机械控制变成电子控制，因此减少了机械零件数量，机械结构的质量减小。

2）线控节气门系统使车辆对驾驶员发出的指令有更灵敏和更精确的响应，还可以依据相关传感器采集的车况信息，对车辆动力输出进行调整，有助于节约能源、降低排放。

3）由于节气门开度被简化成一系列的电子信息，有助于提高各系统的沟通效率，也有助于减小质量及降低各种机械零件的维修概率。

线控驱动系统包括传统汽车和电动汽车两大类。由于多轮独立驱动电动汽车各个驱动车轮的转矩独立可控，因此驱动控制系统通过横摆力矩控制和驱动力分配可以达到改善车辆稳定性和经济性的目的，其中四轮独立驱动尤其是轮毂电机电动汽车驱动控制已经成为各国研究的热点。

3.3.2 线控驱动系统的工作原理与组成

小型电动汽车驱动系统原理如图 3-3 所示。当车辆行驶时，控制器首先根据加速踏板传感器和制动踏板传感器的输入信号确定车辆的运行工况，然后输出相应信号控制混合电源和双向 DC/DC 变换器的工作模式，进而控制母线电压和电机电流，电机的输出转速和输出转矩会随母线电压及电流的变化而变化，最后电机的输出动力经主减速器和传动装置传递给车轮。同时，控制器还可以通过传感器实时监测混合电源和电机的电压、电流及转速等参数的变化情况，并将其显示在 LCD 显示屏上。

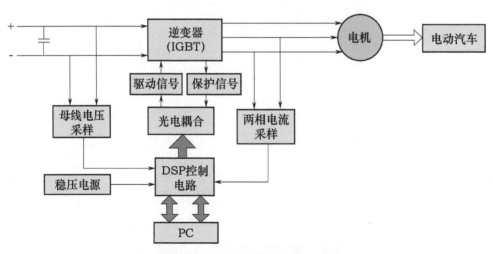

图 3-3　线控驱动系统原理图

　　线控驱动系统是线控底盘系统中的主要执行机构，主要由驱动电机、电机控制器、减速器三部分组成。

1. 驱动电机

　　驱动电机是线控驱动系统中的核心部件，可以将电能转换为机械能。智能网联汽车主要以纯电动汽车为主，常见的驱动电机有直流电机、交流异步电机、交流永磁同步电机和开关磁阻电机。

　　（1）直流电机　直流电机可以将直流电转换为机械能。在电动汽车发展的早期，大部分电动汽车都采用直流电机作为驱动电机，其结构如图 3-4 所示。这类电机技术较为成熟，具有控制方式容易、调速优良的特点，曾经在调速电机领域有着极为广泛的应用。直流电机按励磁方式分为永磁、他励和自励三类，其中自励又分为并励、串励和复励三种。

图 3-4　直流电机结构

　　直流电机机械结构复杂，瞬时过载能力和电机转速的进一步提高受到限制，而且在长时间工作的情况下，电机的机械结构会产生损耗，增加维护成本。此外，电机运转时电刷与换向器之间的火花使换向器发热，同时产生高频电磁干扰，影响整车其他电器性能。由于直流电机存在以上缺点，目前的纯电动汽车基本不使用直流电机作为驱动电机。

　　（2）交流电机　交流电机按工作原理不同可分为同步电机和异步电机两大类，同步电机的旋转速度与交流电源的频率有严格的对应关系，在运行中转速严格保持恒定不变；异步电机的转速随着负载的变化稍有变化。按所需交流电源相数的不同，交流电机又可分为单相和三相两大类，纯电动汽车常用的是三相交流电机。

　　三相交流异步电机主要由定子和转子两部分组成，两部分又由多种部件组成，工业常用小型三相交流异步电机的结构，如图 3-5 所示。

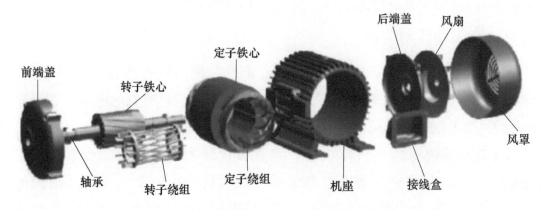

图 3-5　工业常用小型三相交流异步电机结构

1）定子部分。定子部分包括机座、端盖、定子铁心、定子绕组等，主要作用是支撑电机本体、产生旋转磁场，如图 3-6 所示。

图 3-6　三相交流异步电机定子结构

2）转子部分。转子部分主要由转子铁心、转子绕组和转轴组成。三相异步电机根据其转子结构的不同又可分笼型和绕线型两大类（图 3-7），其中笼型应用最为广泛。

a）笼型　　　　　　　　　b）绕线型

图 3-7　笼型与绕线型转子结构

转子铁心呈圆柱状，用相互绝缘的硅钢片叠成，它的外表面冲有多个凹槽，用来放置转子绕组。笼型转子绕组像一个笼子，通常有两种制作方式，一种是在转子铁心的槽中装入多根铜条，铜条两端用端环连接；另外一种则是在日常生产中，经常用铸铝方式来制作转子绕组，如图 3-7a 所示。绕线型转子的转子铁心与笼型完全相同，转子绕组是三相星形联结的，三相绕组每一相的始端连接到一个铜制的集电环上，集电环固定在转轴上。

3）工作原理。三相交流异步电机的三相定子绕组在空间上按照互差 120° 电角度的规律中心对称排列，并接成星形或三角形后与三相电源相连，三相定子绕组便有三相对称电流 i_U、i_V、i_W 流过，如图 3-8 和图 3-9 所示。

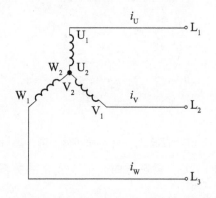

图 3-8 三相交流异步电机定子绕组星形联结电路

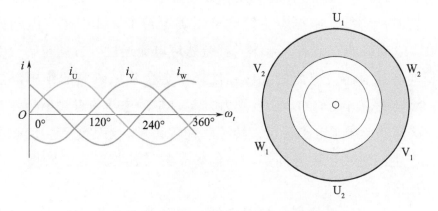

图 3-9 三相交流异步电机工作原理图

当 $\omega_t=0°$ 时，$i_U=0$，U 相绕组中无电流；i_V 为负，V 相绕组中电流从 V_2 端流入，从 V_1 端流出；i_W 为正，W 相绕组中电流从 W_1 端流入，从 W_2 端流出；合成的磁场方向为由 U_1 指向 U_2，如图 3-10a）所示。

当 $\omega_t=120°$ 时，$i_V=0$，V 相绕组中无电流；i_U 为正，U 相绕组中电流从 U_1 端流入，从 U_2 端流出；i_W 为负，W 相绕组中电流从 W_2 端流入，从 W_1 端流出；合成的磁场方向为由 V_1 指向 V_2，如图 3-10b）所示。

当 $\omega_t=240°$ 时，$i_W=0$，W 相绕组中无电流；i_U 为负，U 相绕组中电流从 U_2 端流入，从 U_1 端流出；i_V 为正，V 相绕组中电流从 V_1 端流入，从 V_2 端流出；合成的磁场方向为由 W_1 指向 W_2，如图 3-10c）所示。

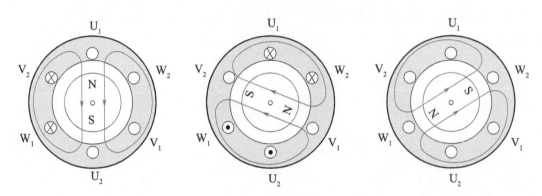

a）$\omega_t=0°$ 时，合成磁场的方向　　b）$\omega_t=120°$ 时，合成磁场的方向　　c）$\omega_t=240°$ 时，合成磁场的方向

图 3-10　磁场方向与电流变化的关系

当定子绕组中的电流变化 1 个周期时，合成磁场也按电流的相序方向在空间连续地旋转 1 周。若产生的旋转磁场顺时针转动，相当于转子导体逆时针方向切割磁感线，根据右手定则可以确定转子导体中感应电动势的方向。在感应电动势的作用下，导体中就有感应电流通过，方向与感应电动势的方向相同。通有感应电流的导体在磁场中会受到电磁力的作用，根据左手定则，N 极受力方向向右，S 极受力方向向左，这是一对大小相等方向相反的力，这样就形成了电磁转矩，转子就旋转起来。当定子产生的磁场旋转时，转子产生的磁场也同方向旋转，但转子的转速相对定子较慢，这就是"异步"的由来。

三相交流异步电机的优点是成本低、工艺简单、运行可靠、耐用、维修方便，而且能忍受大幅度的工作温度变化。因此，三相交流异步电机广泛应用于大型高速电动汽车。

（3）交流永磁同步电机　在各类驱动电机中，交流永磁同步电机具有高效、高控制精度、高转矩密度、良好的转矩平稳性及低振动噪声等特点，在纯电动汽车中，交流永磁同步电机应用广泛。

所谓永磁，是指在制造电机转子时加入永磁体，使电机的性能得到进一步的提升。同步则指转子的转速与定子绕组的电流频率始终保持恒定的关系。因此，通过控制电机定子绕组输入的电流频率，电动汽车的车速将最终被控制。

交流永磁同步电机的结构主要由机座、前后端盖、转子、定子、温度传感器等组成，如图 3-11 所示。

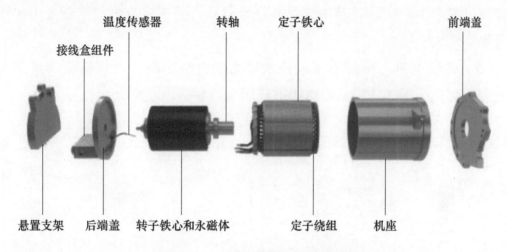

图 3-11　交流永磁同步电机结构

交流永磁同步电机的定子部分与交流异步电机相同，不同之处在于转子结构。交流永磁同步电机的转子上安装有永磁体磁极。由于永磁体的磁性是固定的，在定子中产生的旋转磁场会带动永磁体旋转，最终达到同一转速，即"同步"。

（4）开关磁阻电机　开关磁阻电机驱动系统是高性能机电一体化系统，主要由开关磁阻电机、功率转换器、传感器和控制器 4 部分组成，如图 3-12 所示。

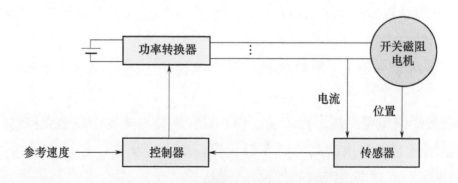

图 3-12　开关磁阻电机驱动系统结构

作为一种机电一体化的新型电机，相比其他类型的驱动电机而言，它的结构最为简单。定、转子均为普通硅钢片叠压而成的双凸极结构，转子上没有绕组，定子装有简单的集中绕组，具有结构简单坚固、可靠性高、质量小、成本低、效率高、温升低、易于维修等诸多优点。其缺点是控制系统的设计相对复杂，在实际运转中，尤其是负载运行的工况，电机本身发出的噪声及振动较大。

（5）轮毂电机 按照为车辆提供动力的方法不同，可以将驱动系统大体上分为两类（图 3-13），即集中电机驱动和轮毂电机驱动。

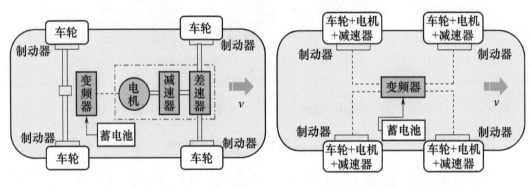

a）集中电机驱动　　　　　　　　b）轮毂电机驱动

图 3-13　电机驱动方式图

现有的纯电动汽车大部分都是集中式驱动，还没有很好地发挥电动汽车应有的性能和结构优势。与集中电机驱动相比，四轮轮毂电机驱动展现出巨大的优势。

轮毂电机直接安装于驱动轮内，无须设计变速器、万向传动装置、差速器等传统传动部件，将给电动汽车底盘设计与控制带来巨大变革和优化，包括：

1）系统效率提高，轮毂电机驱动系统比集中电机驱动效率高出 10% 以上。

2）转矩响应精度高、响应速度快，可实现分布式驱动轮独立控制。

3）底盘布置自由度高，整车轻量化程度大幅提高，是混合动力汽车、纯电动汽车、燃料电池汽车的优选动力源。

4）有利于实现更加优化的分布式驱动、制动控制，更便于自动驾驶上层控制策略的实现。

虽然轮毂电机具备一系列优势，但同时也存在一系列技术难点需要攻克。在轮毂电机系统设计方面，由于轮毂电机安装于车轮内，与装在发动机舱内相比，环境恶劣，需解决以下难点：

1）轴承与密封设计方面，需保证轮毂电机可在高低温冲击环境、大负荷冲击下正常工作。

2）减振降噪设计方面，当前大多数轮毂电机与车身和轮毂刚性连接，无法过滤转矩波动。

3）轮毂电机高效、高转矩设计方面，需保证轮毂电机全转速范围的高效、高转矩输出。

由于轮毂电机应用于电动汽车的突出优势和巨大的市场潜力，国内外已有众多厂商开始着力进行轮毂电机的研发。舍弗勒、Protean、丰田等公司均研发出了轮毂电机样机甚至产品，研发情况见表 3-1。

表 3-1 部分外国公司轮毂电机产品

国家	公司	轮毂电机产品
日本	丰田	偏轴式轮毂电机
	日产	偏轴式轮毂电机
	NTN	同轴摆线减速器式轮毂电机
	STM-DRIVE	外转子直驱式轮毂电机
美国	舍弗勒	同轴行星齿轮式轮毂电机
英国	Protean	外转子直驱式轮毂电机
法国	Michelin	结合主动悬架的轮毂电机
	AKKA	结合线控转向的轮毂电机

其中，英国 Protean 公司是研制直驱式轮毂电机的代表。Protean PD18轮毂电机内部集成有逆变器、控制器、制动系统，其结构如图 3-14 所示。

由于其巨大的技术优势和市场潜力，轮毂电机电动汽车早已成为国内外各大整车生产企业、科研机构的重点研究对象。围绕轮毂电机的众多技术可供研究，包括底盘结构设计、悬架系统设计、底盘控制系统等。随着未来交通系统智慧化程度、运营效率要求越来越高，轮毂电机分布式驱动将得到长足发展。

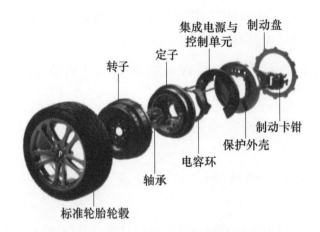

图 3-14　Protean PD18 轮毂电机结构

2. 电机控制器

电机控制器是电机驱动及控制系统的核心，是连接动力蓄电池与电机的电能转换单元，如图 3-15 所示。根据 GB/T 18488.1—2015《电动汽车用驱动电机系统　第 1 部分：技术条件》对电机控制器的定义，电机控制器就是控制主牵引电源与电机之间能量传输的装置，由外界控制信号接口电路、电机控制电路、驱动电路组成。

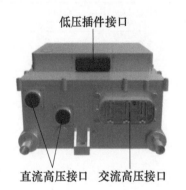
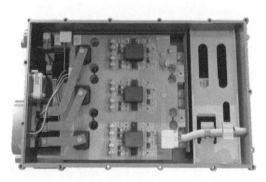

图 3-15　驱动电机控制器结构

电子控制模块包括硬件电路和相应的控制软件。硬件电路主要包括处理器最小系统、状态监测电路、硬件保护电路和数据通信电路。控制软件根据不同类型电机的特点实现相应的控制算法。

驱动器将微控制器对电机的控制信号转换为驱动功率变换器的驱动信号，并实现功率信号和控制信号的隔离。功率变换模块对电机电流进行控制。电动汽车经常使用的功率器件有大功率晶体管、门极关断晶闸管、功率场效应晶体管、绝缘栅双极晶体管以及智能功率模块等。

3. 减速器

由于驱动电机的输出转速较高，因此需配备减速机构进行减速，以增大输出转矩，减速器结构如图 3-16 所示。一般将减速器与驱动电机作为一体或直接相连，取消传统变速器。

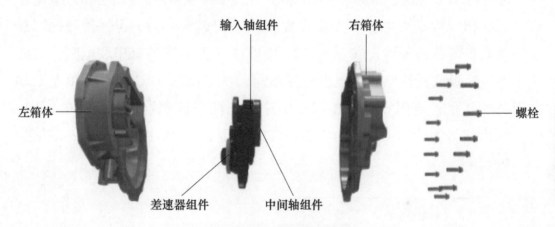

图 3-16　减速器结构

减速器按照传动级数不同可分为单级和多级减速器；按照齿轮形状可分为圆柱齿轮减速器、圆锥齿轮减速器和圆锥 - 圆柱齿轮减速器；按照传动的布置形式又可分为展开式、分流式和同进轴式减速器。

3.3.3　线控驱动系统的控制模块

1. 加速踏板模块

加速踏板是一种将驾驶员指令转变为发动机转矩的物理设备。现在车辆上采用的多为电子加速踏板总成，其核心部件加速踏板位置传感器是一种模拟传统机械踏板工作并给发动机 ECU 提供信号的传感器，将驾驶员的加速意图直接转变为电信号。这种电信号发送至传统汽车发动机管理系统或者电动汽车整车控制器（VCU）后即可迅速、准确地实现驾驶员的意图。

纯电动汽车采用高压动力电池、驱动电机组成车辆动力系统，加速踏板信号经过整车控制器处理后，通过 CAN 通信方式控制电机转矩或者转速输出。根据结构原理的不同，加速踏板位置传感器主要分为接触式和非接触式两种。

1）滑动触点传感器是典型的接触式加速踏板位置传感器（图 3-17），两个滑动触点传感器安装在同一根轴上，滑动触点传感器的电阻和传送至整车控制器的电压随着加速踏板位置的变化而变化。滑动触点传感器上的起始电压均为 5V，出于信号的可靠性和安全性考虑，每个传感器都有独立的电源（红线所示）、搭铁（棕线所示）和信号线（绿线所示）。输出信号为电压信号，在相应数据块中显示为百分数，5V 为 100%。为了保证信号的可靠性和功能自测试的需要，在图 3-17 中的 G185 上另安装有串联电阻，因此两个加速踏板位置传感器的电阻特性不同，在工作时，G185 电阻值是 G79 电阻值的 2 倍；电阻特性的不同，带来的是两个传感器输出特性的不同，G79 输出信号大约为 G185 的 2 倍，G79 范围为 12%~97%，G185 范围为 4%~49%。

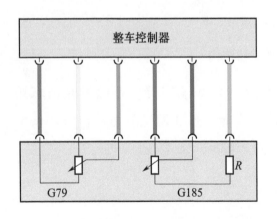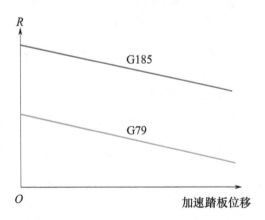

图 3-17　接触式加速踏板位置传感器

2）常见的非接触式加速踏板位置传感器有霍尔效应（芯片）式旋转位置传感器，如图 3-18 所示。霍尔 IC 芯片安装在加速踏板的芯轴上固定不动，两个磁铁安装在加速踏板的旋转部件上，可随加速踏板一起动作。为保证信号的可靠，在加速踏板芯轴上安装了两个霍尔 IC 芯片，相当于两个加速踏板位置传感器，在工作时，可同时向整车控制器输送两个加速踏板位置信号。

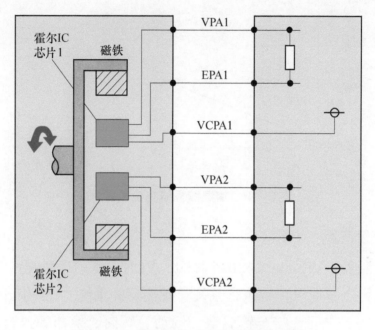

图 3-18　霍尔效应式旋转位置传感器

3）某款电动汽车线控底盘加速踏板模块针脚定义见表 3-2。

表 3-2　加速踏板模块针脚定义

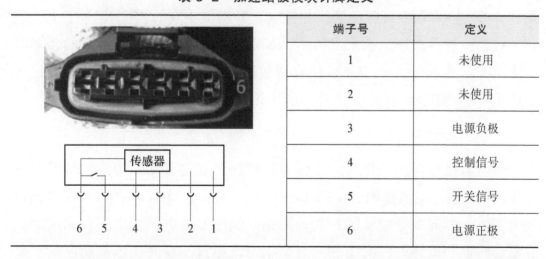

端子号	定义
1	未使用
2	未使用
3	电源负极
4	控制信号
5	开关信号
6	电源正极

电源提供的工作电压一般为（5±0.3）V，工作电流为 8mA，随着加速踏板行程的增大，传感器输出信号电压值增加，具体数值关系如图 3-19 所示。

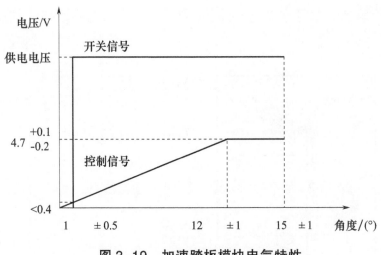

图3-19　加速踏板模块电气特性

2.整车控制器

整车控制器（Vehicle Control Unit，VCU）是用于智能汽车的汽车级控制器，架设于智能汽车各执行系统与智能驾驶系统（Intelligent Driving System，IDS）之间，与车辆驱动、制动、转向、换档等执行系统通信，实现车辆线控驾驶（DBW）控制功能，通过CAN总线向IDS开放车辆控制接口。通过在IDS、VCU以及车辆各执行系统之间应用成熟的功能安全解决方案，VCU可以最大限度地保证车辆的安全性。对于线控驱动系统来说，要求能够实现电机驱动的线控控制，并提供相应的线控CAN接口。

驾驶员踩下加速踏板发出指令，加速踏板位置传感器将对应的转矩需求转变为电压采样信号，VCU接收到加速踏板位置传感器开度信号，根据信号计算此时的转矩或转速需求，并以报文形式发送给电机控制器。

3.电机控制器

驱动电机的作用是将电能转化为机械能，通过传动装置或直接驱动车轮和工作装置。电机控制器（Motor Control Unit，MCU）是为实现电动汽车的变速和方向变换设置的，其作用是控制电机的电压或电流，完成电机的驱动转矩和旋转方向的控制。当采用交流电机驱动时，电机转向的改变只需变换磁场三相电流的相序即可。图3-20所示为某款电机控制器的引脚定义。

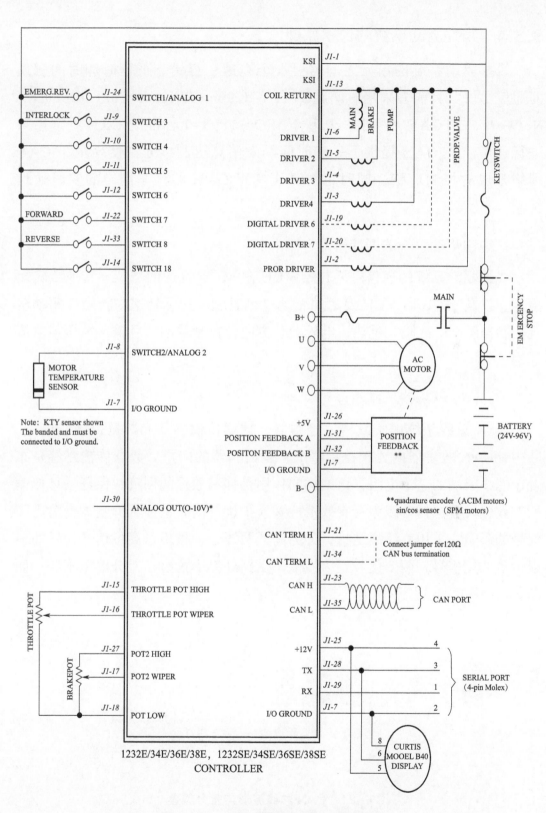

图 3-20　某款电机控制器的引脚定义

3.3.4 线控驱动系统的通信原理

线控驱动系统的单元之间需要一个高速、容错、低延时和时间触发的通信协议。目前多采用时间触发 CAN（Time-Trigger Controller Area Network，TTCAN）标准，其基于 ISO 11898-1 标准的 CAN 物理层来进行通信。TTCAN 提供了一套时间触发消息机制，允许使用基于 CAN 网络形成的控制环路，同时也提高了基于 CAN 的汽车网络的实时通信性能。

1. 线控驱动系统的通信架构

线控驱动系统的通信主要包括 VCU 向 MCU 发送的档位、转速或转矩指令，以及 MCU 向 VCU 发送的驱动电机温度、实际转速与转矩，驱动电机控制器温度、故障、过热，电机旋转方向及控制器的实际输入电压与电流等信息。

2. CAN 总线的工作原理

CAN 总线系统由收发器、控制器、数据传输终端和数据传输线组成。其中，CAN 收发器内置于控制器中，是控制器的门户。数据传输终端是布置于总线末端的一个电阻，该结构的作用是抑制数据的回流，保证信息传输的有效性。数据传输线为了有效抵抗共模干扰，同时也为了抑制本身对周围信号的影响，采用双绞线结构，分为高低两线，一根传送高位信号，另外一根传送低位信号，两个信号互为镜像，受到外界干扰时，差分电压不变，如图 3-21 所示。

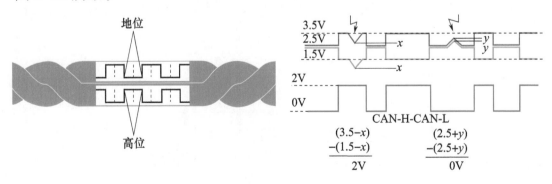

图 3-21 CAN 总线波形与差分原理

由于汽车上的控制器在汽车中的重要性显然是不一样的，因此最新版本的 CAN 总线 2.0 协议采用 ISO/OSI 模型，仅用其中的传输层、数据链路层和物理层。线控驱动系统对信息传输的实时性要求较高，因此 ECU 与 VCU 之间需要采用高速传输，其传输速率为 500kbit/s。

MCU 的 CAN 总线引脚号为 21、23、34、35。速率在 125kbit/s 以下的 CAN 总线可以直接用铜质导线连接，也可以与电流较低的导线捆绑在一起布线。但是由于电机工作电流比较大，为有效降低电流对 CAN 总线的干扰，CAN 总线接线应尽量远离电机大电流电缆，如果无法避开，则必须将 CAN 总线的连接线做成双绞线。

3. MCU 的通信

以某型号线控底盘驱动系统 MCU 为例，其通信主要存在于 VCU 与 MCU 之间，通信速率为 500kbit/s，报文采用 Motorola 格式，帧格式为标准帧，协议详细说明见表 3-3。

举例说明，使用相关设备连接 CAN 总线，能采集到协议中所有相应 ID 的报文。如果向 CAN 总线发送一条命令，驱动电机运转可以发送 ID 为 0x301 的报文，通过第一个字节 Byte0 的第 2、3 位设定该条报文是调节转速还是调节转矩，并相应地在第 3、4 个字节 Byte2、Byte3 中设定节气门开度命令（转矩调节），在第 5、6 个字节 Byte4、Byte5 中设定转速命令（转速调节）。比如要设定电机转速调节为 5500r/min，需要发送 ID 为 0x301（十六进制）的报文，Byte0 数据为 A0（十六进制），Byte4 为 15（十六进制），Byte5 为 7C（十六进制）。

表3-3 MCU 通信协议

发送	接收	ID	周期	字节	位	定义	格式
VCU	MCU	0x301	10ms	Byte0	bit0	控制器工作使能	0=未使能；1=使能
					bit1	控制器放电使能	0=disable（不允许快速放电） 1=enable（允许快速放电）
					bit2、bit3	控制模式	0=无效；1=转矩模式；2=转速模式；3=无效
					bit4~bit7	—	—
				Byte1	bit0	转速模式下电机功率上限	1~250kW；0=无效，FF=无效，电动和发电均受此限制（电流限制 0~100 对应 0~100%）
					bit1~bit7		
				Byte2	节气门开度	低字节	有效值为 0~1000，精度 0.1%，物理量
				Byte3		高字节	0~100.0%
				Byte4	电机转速命令	低字节	偏移量为0，精度为1，有效值为 0~6000r/min
				Byte5		高字节	
				Byte6	档位状态		0x00=P 位（保留）；0x01=R 位（反转）；0x02=N 位；0x03=D 位（正转）
				Byte7	保留		
				Byte0	驱动电机状态		0x01=耗电；0x02=发电（预留暂时不做处理）；0x03=关闭状态（预留暂时不做处理）；0x04=准备状态；0xFE=异常；0xFF=无效
				Byte1	控制器温度		有效值范围为 0~250（数值偏移量 -40℃，物理值 -40~210℃
				Byte2	驱动电机温度		有效值范围为 0~250（数值偏移量 -40℃，物理值 -40~210℃

MCU	VCU	0x310	200ms		bit		
				Byte3	bit0	过电流 1 级	0＝无故障；1＝有故障
					bit1	过电流 2 级	0＝无故障；1＝有故障
					bit2	过热 1 级	0＝无故障；1＝有故障
					bit3	过热 2 级	0＝无故障；1＝有故障
					bit4	相间开路	0＝无故障；1＝有故障
					bit5	相间短路	0＝无故障；1＝有故障
					bit6	温度传感器故障	0＝无故障；1＝有故障
					bit7	电机编码器故障	0＝无故障；1＝有故障
				Byte4	bit0	控制器输出 5 V 电源失败	0＝无故障；1＝有故障
					bit1	驱动输出过电流	0＝无故障；1＝有故障
					bit2	主接触器线圈开路 / 短路	0＝无故障；1＝有故障
					bit3	—	—
					bit4	—	—
					bit5	—	
					bit6	预充电故障	0＝无故障；1＝有故障
					bit7	快速放电失败	0＝无故障；1＝有故障
				Byte5	bit0	控制器过热（一级）	0＝无故障；1＝有故障
					bit1	控制器过热（二级）	0＝无故障；1＝有故障
					bit2	电流采样电路故障	0＝无故障；1＝有故障
					bit3	控制器欠电压	0＝无故障；1＝有故障
					bit4	控制器过电压	0＝无故障；1＝有故障
					bit5	故障等级	00＝无故障；01＝一级故障（报警措施）；10＝二级故障（限功率 30%）；11＝三级故障（截止）
					bit6	—	
					bit7	—	—

（续）

发送	接收	ID	周期	字节	位	定义	格式
MCU	VCU	0x310	200ms	Byte6		—	—
				Byte7		—	—
MCU	VCU	0x311	200ms	Byte0	低字节	驱动电机转速	有效值范围为0~65531（数值偏移量-20000），最小计量单元为1r/min，表示-20000~45531r/min，"0xFF，0xFE"表示异常，"0xFF，0xFF"表示无效
				Byte1	高字节		
				Byte2	低字节	驱动电机转矩	有效值范围为0~65531（数值偏移量-20000N·m，表示-2000~4553.1N·m，最小计量单元为0.1N·m，"0xFF，0xFE"表示异常，"0xFF，0xFF"表示无效（备注：前进时转矩为正值，倒车时转矩为负值）
				Byte3	高字节		
				Byte4		电机旋转状态	0x01=电机反转（R位）；0x02=电机无转速（N位）；0x03=电机正转（D位）
				Byte5	bit0	制动断电状态	0=无触发；1=触发
					bit1	控制模式	0=转速模式（默认为转速模式）；1=力矩模式
					bit2~bit5	保留	—
					bit6、bit7	保留	
				Byte6、Byte7		保留	
MCU	VCU	0x312	500ms	Byte0	低字节	控制器输入电压	有效值范围为0~60000（表示0~6000V），最小计量单元为0.1V，"0xFF，0xFE"表示异常，"0xFF，0xFF"表示无效
				Byte1	高字节		
				Byte2	低字节	电机控制器电流	有效值范围为0~20000（数值偏移量-1000A，表示-1000~1000A），最小计量单元为0.1A，"0xFF，0xFE"表示异常，"0xFF，0xFF"表示无效
				Byte3	高字节		
				Byte4~Byte7		保留	—

⮕ 资讯小结

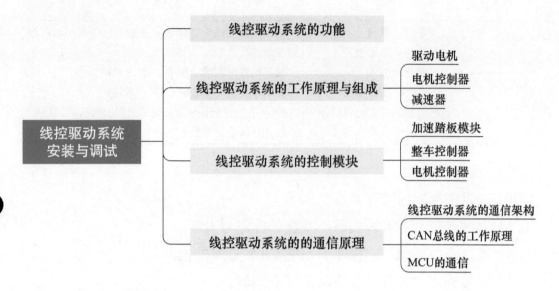

3.4　任务准备

1. 任务计划

（1）工具设备介绍

子任务模块	设备工具	功能备注
任务 1 线控驱动系统的拆装	绝缘工具箱 高压防护用具 警示标识牌 翼子板防护垫	绝缘工具箱用于完成线控驱动系统各部件的拆卸与安装 高压防护用具用于保护操作人员操作过程中的人身安全 警示标识牌用于安全警示，提示作业状态 翼子板防护垫用于操作过程中保护车辆
任务 2 线控驱动系统 CAN 总线的检测	绝缘工具箱 数字式万用表 数字示波器 CAN 总线分析仪 计算机及上位机软件 探针及线束	绝缘工具箱用于完成线控驱动系统各部件的拆卸与安装 数字式万用表用于测量 CAN 总线电压值 数字示波器用于测量 CAN 总线波形 CAN 总线分析仪用于采集 CAN 总线上的数据并进行读取分析 探针及线束用于测量过程中的连接

（续）

子任务模块	设备工具	功能备注
任务 3 线控驱动系统的调试	绝缘工具箱 数字式万用表 数字示波器 CAN 总线分析仪 计算机及上位机软件 探针及线束	绝缘工具箱用于完成线控驱动系统各部件的拆卸与安装 数字式万用表用于测量 CAN 总线电压值 数字示波器用于测量 CAN 总线波形 CAN 总线分析仪用于向通信总线上发送调试数据 探针及线束用于测量过程中的连接

（2）实操预演

1）通过链接，熟悉任务流程。

2）通过链接，观看线控驱动系统的拆卸与安装。

3）通过链接，观看线控驱动系统 CAN 总线的检测。

4）通过链接，观看线控驱动系统的调试。

线控驱动部件的装配

2. 任务决策

通过对"实操预演"环节的视频学习，并经过分析与讨论后，列出完整的操作步骤。

步骤	任务 1 线控驱动系统的拆装	任务 2 线控驱动系统 CAN 总线的检测	任务 3 线控驱动系统的调试
1			
2			
3			
4			
5			
6			
7			
8			
9			

3.5　任务实施

3.5.1　线控驱动系统的拆装

1. 前期准备

（1）安装前检查　准备好数字示波器、测量线束、信号发生器、信号发生器线束等设备，并进行外观检查。

（2）拆装工具检查

1）防护工具箱外观结构完好。

2）世达工具 150 件套完整齐全。

根据实际情况在"□"位置上打"√"			
绝缘手套外观是否完好	是 □　否 □	安全帽生产日期是否符合要求	是 □　否 □
设备线束插头是否完好	是 □　否 □	工具使用功能是否正常	是 □　否 □
线束绝缘外层有无损坏	有 □　无 □	工具是否齐全	是 □　否 □

2. 实操演练

实施步骤	标准 / 图示	操作要点
安装驱动电机		选用 10mm 呆扳手将螺栓固定，将驱动电机对接到后桥花键孔位上
加装固定螺栓		安装电机后，加装 3 条固定螺栓

（续）

实施步骤	标准／图示	操作要点
紧固	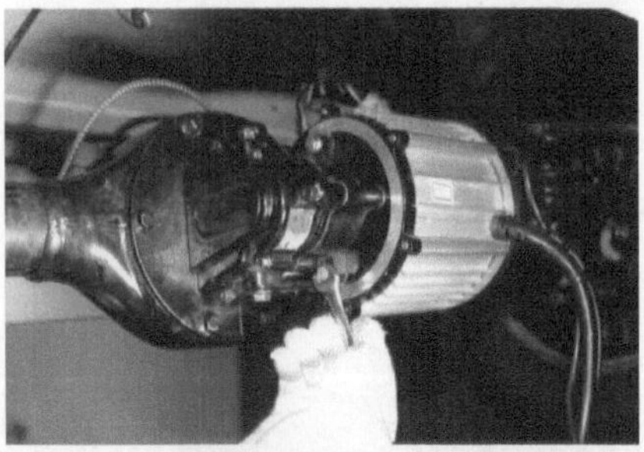	选用 10mm 呆扳手与内六角扳手分别紧固各螺栓
紧固线束	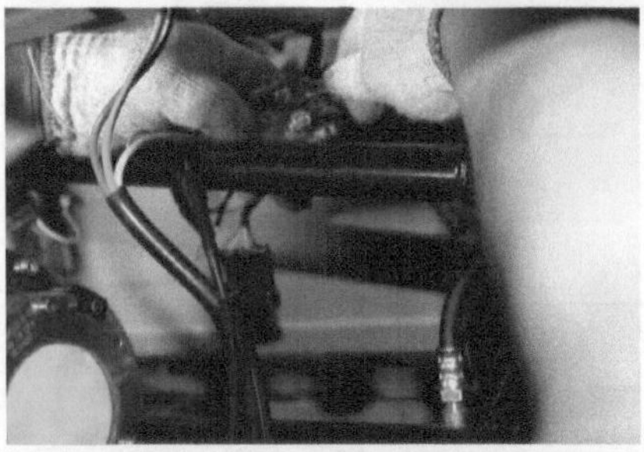	选用 10mm 呆扳手分别将三相绕组 U、V、W 线束螺栓紧固
安装电压安全保护壳	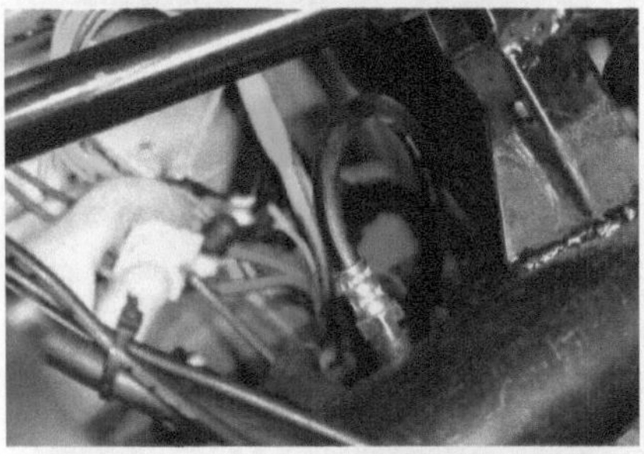	用十字螺钉旋具紧固
电机控制器的装配		先用手带上 4 条螺栓，防止部件脱落
紧固	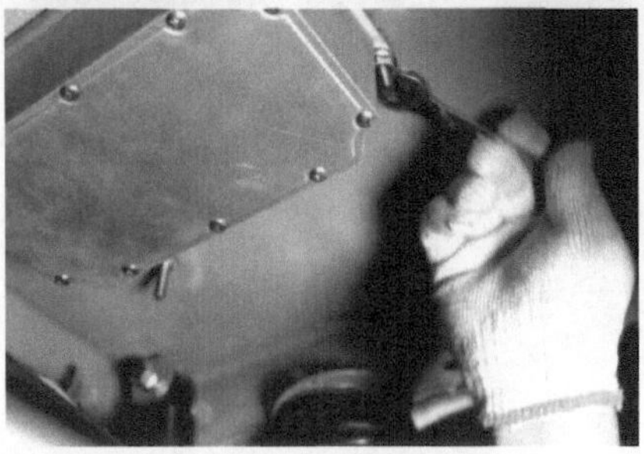	采用 13mm 呆扳手对角紧固各螺栓，使用扭力扳手紧固

（续）

实施步骤	标准 / 图示	操作要点
安装加速踏板		选用 10mm 呆扳手固定螺栓，用手带上 2 条加速踏板螺栓
紧固螺栓	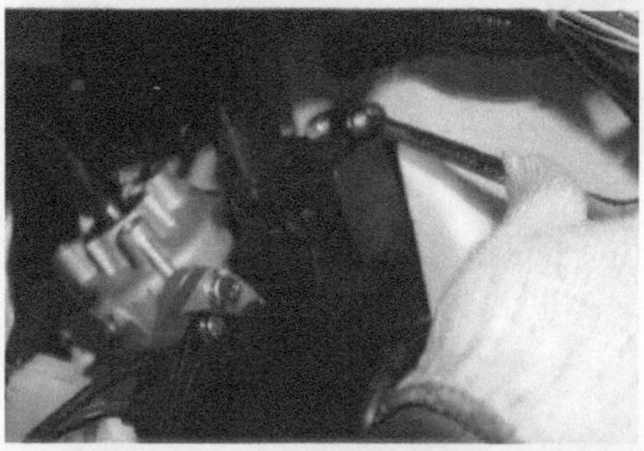	选用 10mm 呆扳手紧固其螺栓
安装 VCU	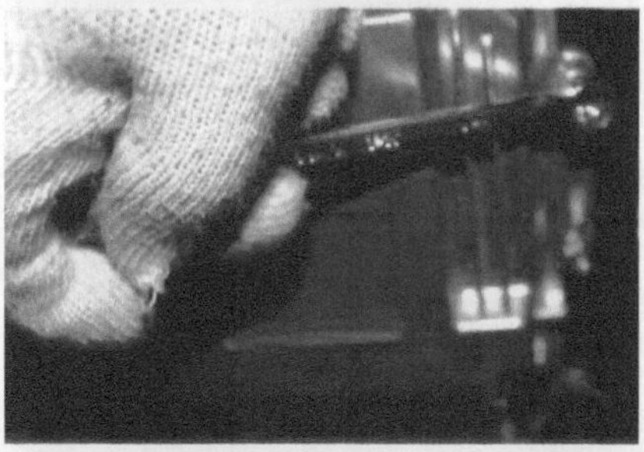	选用 10mm 呆扳手对角紧固整车控制器螺栓
连接线束插头	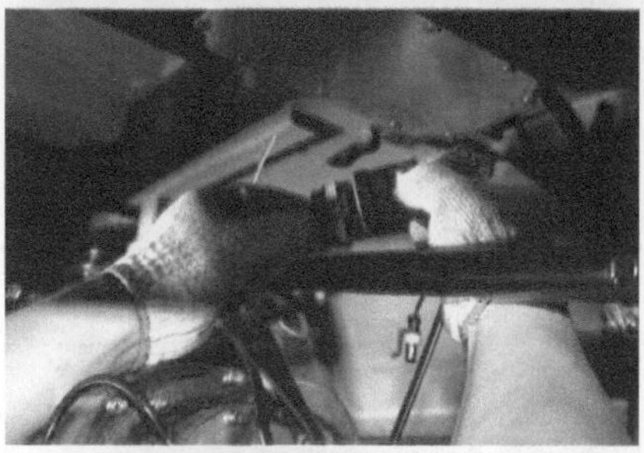	连接驱动电机与电机控制器对插插头
连接线束插头		连接加速踏板线束插头

（续）

实施步骤	标准／图示	操作要点
连接整车控制器对接插头	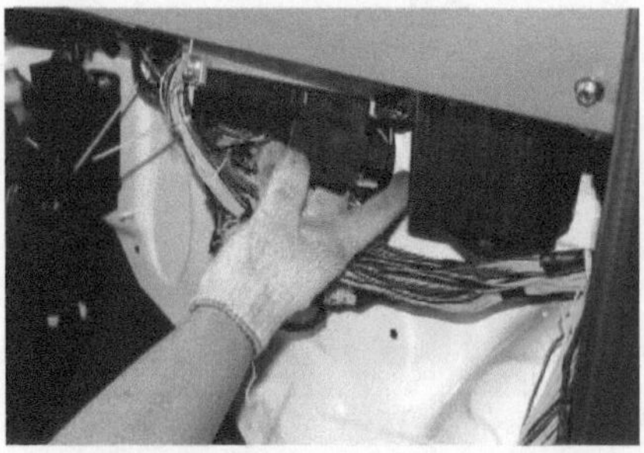	连接后接通电源，打开点火开关，检查线路连接情况

3.5.2 线控驱动系统 CAN 总线的检测

1. 前期准备

（1）安装前检查　准备好数字示波器、测量线束、信号发生器、信号发生器线束等设备，并进行外观检查。

（2）数字示波器检查

1）外观结构完整，屏幕显示正常。

2）工具齐全，使用功能正常。

根据实际情况在"□"位置上打"√"			
外观有无破损	有 □　无 □	表笔测量头有无磨损	有 □　无 □
屏幕有无坏点	有 □　无 □	工具使用功能是否正常	是 □　否 □
线束绝缘外层有无损坏	有 □　无 □	工具是否齐全	是 □　否 □

（3）CAN 总线分析仪检查

根据实际情况在"□"位置上打"√"			
终端电阻检查是否正常	是 □　否 □	外观是否正常	是 □　否 □
指示灯是否正常	是 □　否 □	发送测试是否正常	是 □　否 □
接收测试是否正常	是 □　否 □	线束是否齐全	是 □　否 □

2. 实操演练

项目	实施步骤	标准 / 图示	操作要点
电压检测	打开点火开关		CAN 总线电气检测，将线控底盘实训台架的点火开关置于 ON 档
	查阅资料	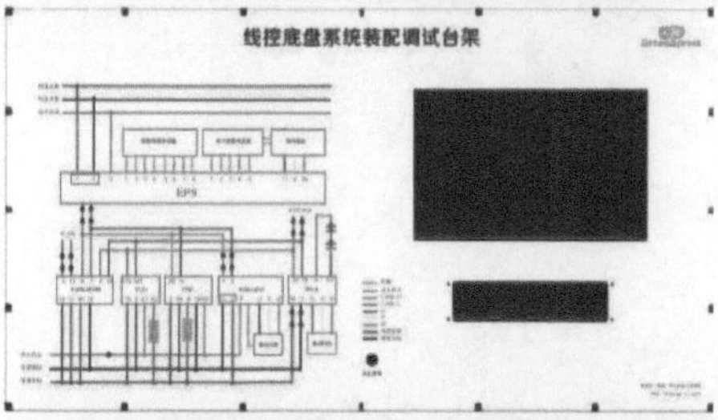	查阅电路图，在 MCU 针脚定义图中找到 CAN-H 线与 CAN-L 线针脚号与插接器线束颜色
	插入探针	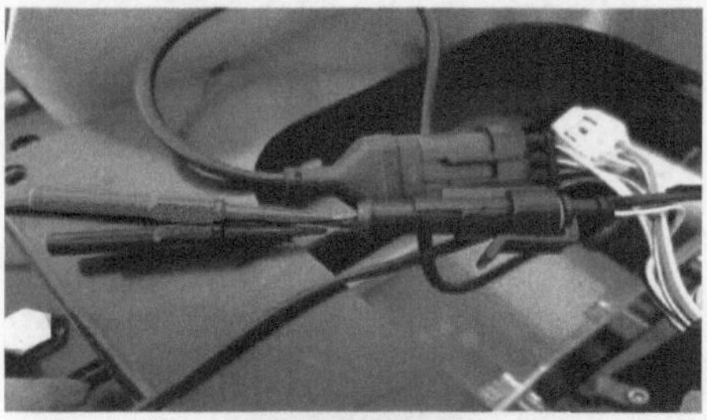	在相应线束插入无损探针，CAN-H 线采用红色探针，CAN-L 线采用黑色探针，便于在检测时识别
	校表		将万用表置于电阻档，短接红表笔和黑表笔，万用表示数接近 0Ω
	测量	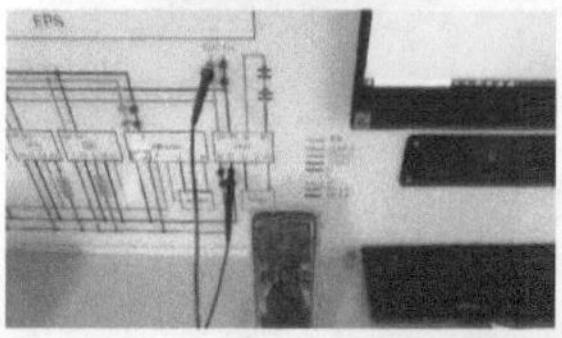 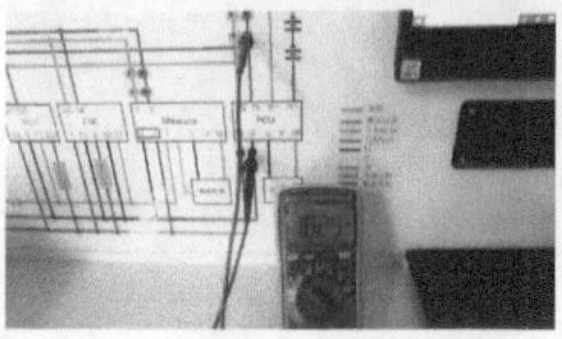	将万用表置于直流电压档 20V 档位，红表笔分别连接无损探针测量位置，测量 CAN-H 线与 CAN-L 线对地电压，电压表示数稳定后读取电压值

（续）

项目	实施步骤	标准／图示	操作要点
电压检测	测量结果	 	正常状态下 CAN-H 线电压高于 2.5V，CAN-L 线电压低于 2.5V
CAN 总线波形检测	打开电源		将线控底盘实训台架的点火开关置于 ON 档
	连接测量线束		使用示波器通道 1（CH1）和通道 2（CH2），检测线连接示波器通道接口。CH1 测量端连接 CAN-H 线，搭铁线连接车身搭铁点；CH2 测量端连接 CAN-L 线，搭铁线连接车身搭铁点
	打开示波器	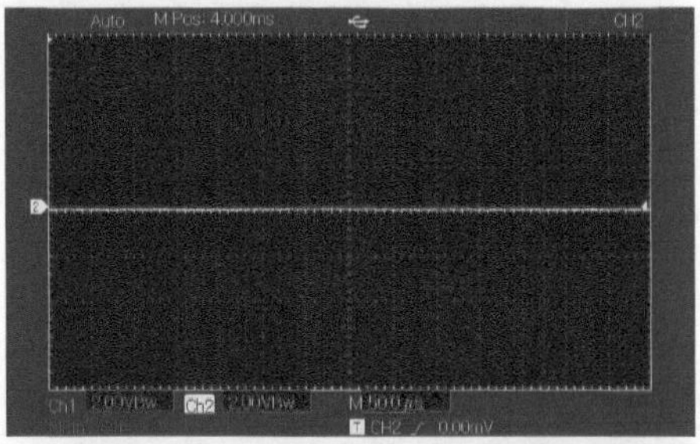	打开示波器开关，选择显示 CH1 与 CH2
	波形结果	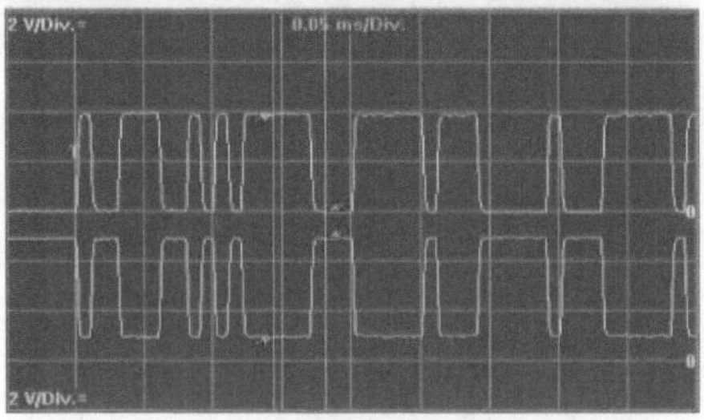	调节幅值按键设定为 2V/Div，调节周期按键设定为 0.05ms/Div，双通道采集 CAN 总线波形

（续）

项目	实施步骤	标准/图示	操作要点
CAN 总线数据读取	打开电源		将线控底盘实训台架的点火开关置于 ON 档
	连接线束	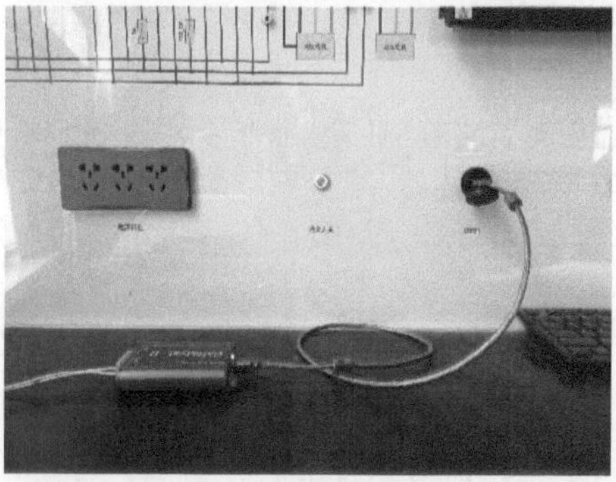	将 CAN 总线分析仪连接好，通过 USB 方口数据线连接计算机 将 CAN 总线分析仪测量端口连接 CAN 总线预留接口或使用无损探针连接电机控制器 CAN 线，红色测量线连接 CAN-H 线，黑色测量线连接 CAN-L 线
	打开上位机软件	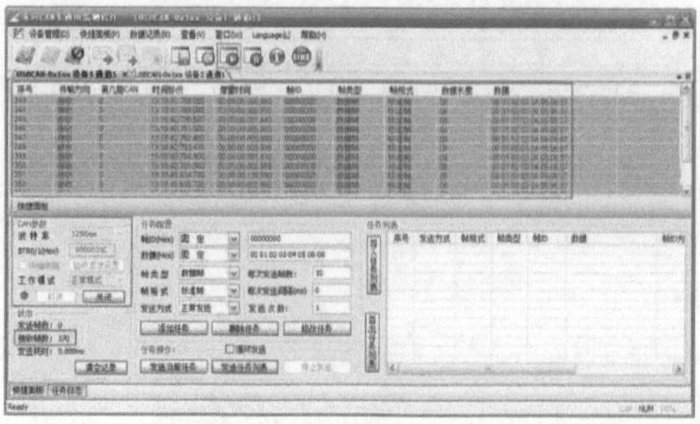	设置比特率为 500kbit/s，启用通道 0，读取 CAN 总线上的数据
	读取报文	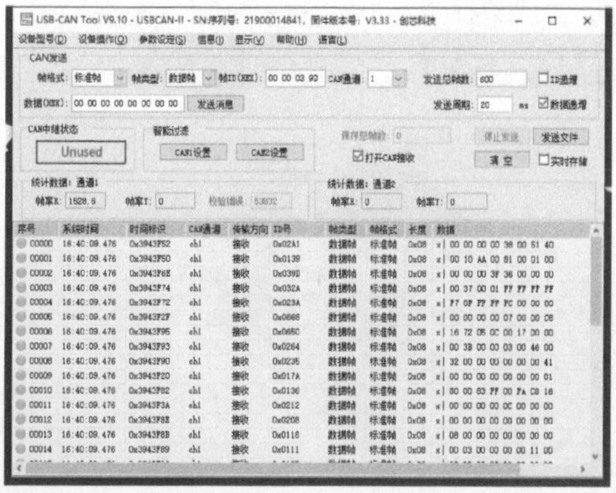	在"查看"菜单中，将数据显示格式调整为十六进制，找到 ID 为 0x301、0x310、0x311 与 0x312 的 4 种报文，并且显示发送与接收正常，说明 VCU 与 MCU 之间通信正常

3.5.3 线控驱动系统的调试

1. 前期准备

（1）安装前检查　准备好安装有上位机软件的计算机、CAN 总线分析仪、线束并检查外观的完整性。

（2）使用前测试

根据实际情况在"□"位置上打"√"			
终端电阻检查是否正常	是□ 否□	外观是否正常	是□ 否□
指示灯是否正常	是□ 否□	发送测试是否正常	是□ 否□
接收测试是否正常	是□ 否□	线束是否齐全	是□ 否□

2. 实操演练

项目	实施步骤	标准／图示	操作要点
线控驱动系统转速控制测试	断开整车控制器插接器		断开时先检查整车是否处于断电状态
	打开电源（点火开关）		将线控底盘实训台架的点火开关置于 ON 档
	连接分析仪线束		将 CAN 总线分析仪连接好，通过 USB 方口数据线连接计算机

（续）

项目	实施步骤	标准 / 图示	操作要点
线控驱动系统转速控制测试	连接测量线束	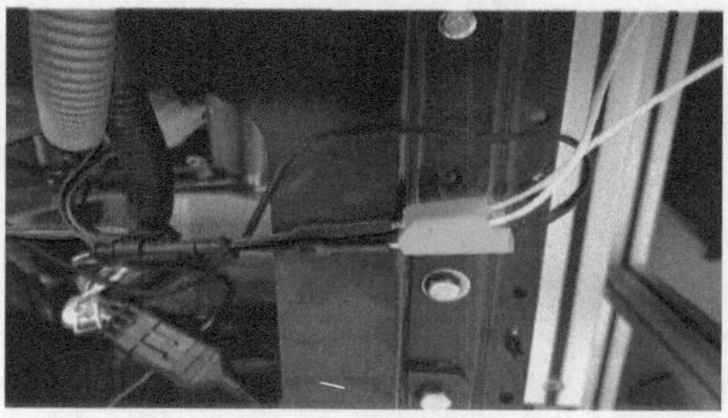	将 CAN 总线分析仪测量端口连接 CAN 总线预留接口或使用无损探针连接电机控制器 CAN 线，红色测量线连接 CAN-H 线，黑色测量线连接 CAN-L 线
	读取报文数据	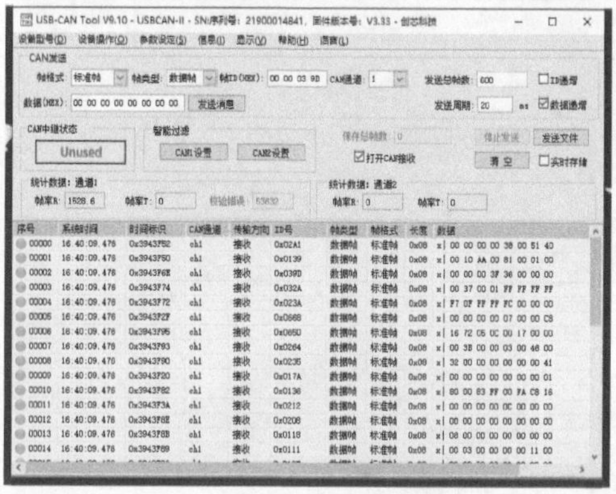	打开 CANtest 上位机软件，设置比特率为 500kbit/s，启用通道 0，读取 CAN 总线上的数据
	发送报文数据	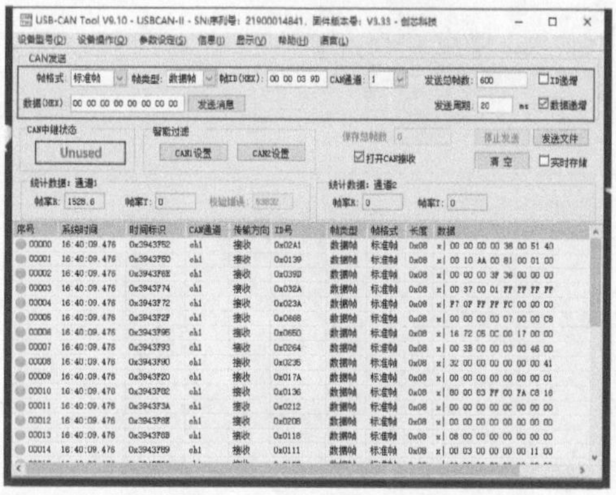	使用 CANtest 软件发送转速调试报文，转速分别设定为 1000r/min、2000r/min 和 3000r/min，ID 为 0x301 的报文，Byte0 数据设定为 A0，并将相应测试转速转化为十六进制，将数据写入 Byte4、Byte5 字节，发送周期设定为 30ms
	转速验证		转速稳定后，读取报文 0x311 中 Byte0、Byte1 的转速数据，与目标转速差距应在 ±5% 以内

（续）

项目	实施步骤	标准 / 图示	操作要点
驱动电机档位控制测试	断开整车控制器插接器		断开时先检查整车是否处于断电状态
	打开电源（点火开关）		将线控底盘实训台架的点火开关置于 ON 档
	连接分析仪线束		将 CAN 总线分析仪连接好，通过 USB 方口数据线连接计算机
	连接测量线束	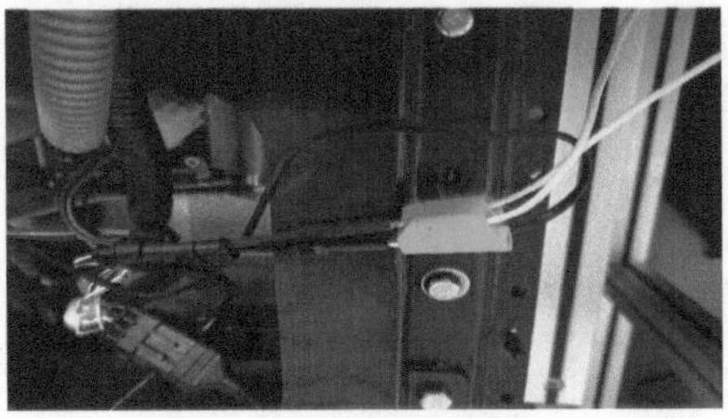	将 CAN 总线分析仪测量端口连接 CAN 总线预留接口或使用无损探针连接电机控制器 CAN 线，红色测量线连接 CAN-H 线，黑色测量线连接 CAN-L 线
	读取报文数据	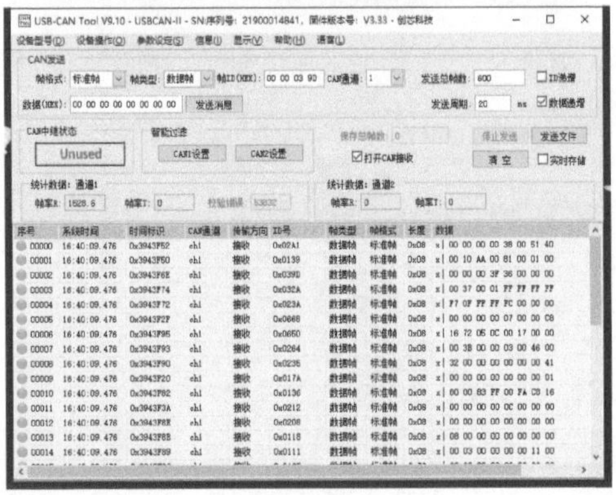	打开 CANtest 上位机软件，设置比特率为 500kbit/s，启用通道 0，读取 CAN 总线上的数据

（续）

项目	实施步骤	标准 / 图示	操作要点
驱动电机档位控制测试	发送报文数据	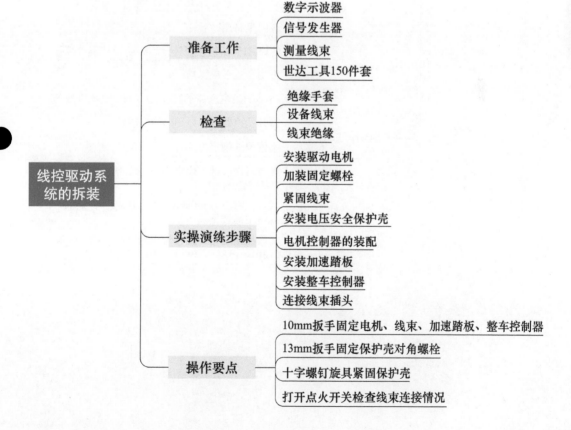	使用 CANtest 软件发送档位调试报文，ID 为 0x301（十六进制），Byte6 数据分别设置为 0x00—P 位、0x01—R 位（反转）、0x02—N 位、0x03—D 位（正转）。发送周期设定为 50ms

3.6　任务评价与小结

1. 任务评价

见附录 D、E、F。

2. 任务小结

```
                                          ┌─ 数字示波器
                          ┌─ 准备工作 ──────┼─ 信号发生器
                          │                ├─ 测量线束
                          │                └─ 世达工具150件套
                          │
                          │                ┌─ 绝缘手套
                          ├─ 检查 ──────────┼─ 设备线束
                          │                └─ 线束绝缘
                          │
                          │                ┌─ 安装驱动电机
  线控驱动系 ──────────────┤                ├─ 加装固定螺栓
  统的拆装                 │                ├─ 紧固线束
                          │                ├─ 安装电压安全保护壳
                          ├─ 实操演练步骤 ──┼─ 电机控制器的装配
                          │                ├─ 安装加速踏板
                          │                ├─ 安装整车控制器
                          │                └─ 连接线束插头
                          │
                          │                ┌─ 10mm扳手固定电机、线束、加速踏板、整车控制器
                          └─ 操作要点 ──────┼─ 13mm扳手固定保护壳对角螺栓
                                           ├─ 十字螺钉旋具紧固保护壳
                                           └─ 打开点火开关检查线束连接情况
```

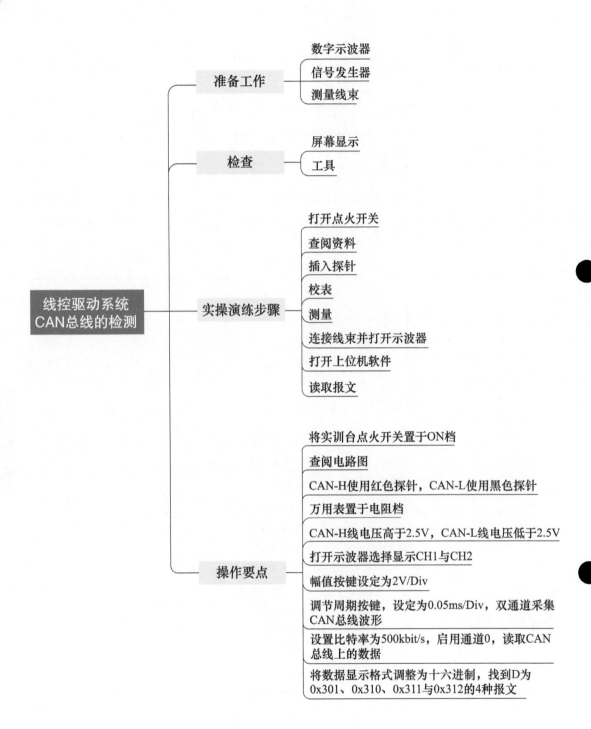

准备工作
- 数字示波器
- 信号发生器
- 测量线束

检查
- 屏幕显示
- 工具

线控驱动系统 CAN总线的检测

实操演练步骤
- 打开点火开关
- 查阅资料
- 插入探针
- 校表
- 测量
- 连接线束并打开示波器
- 打开上位机软件
- 读取报文

操作要点
- 将实训台点火开关置于ON档
- 查阅电路图
- CAN-H使用红色探针，CAN-L使用黑色探针
- 万用表置于电阻档
- CAN-H线电压高于2.5V，CAN-L线电压低于2.5V
- 打开示波器选择显示CH1与CH2
- 幅值按键设定为2V/Div
- 调节周期按键，设定为0.05ms/Div，双通道采集CAN总线波形
- 设置比特率为500kbit/s，启用通道0，读取CAN总线上的数据
- 将数据显示格式调整为十六进制，找到D为0x301、0x310、0x311与0x312的4种报文

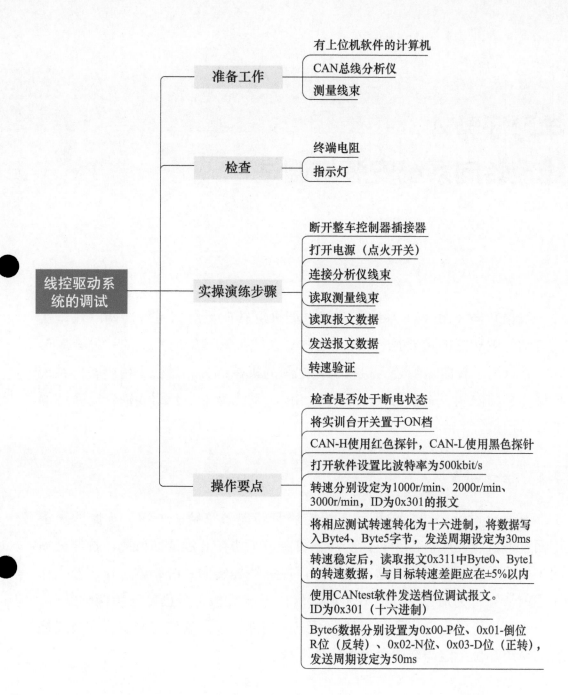

学习任务 4
线控转向系统安装与调试

线控转向（SBW）系统完全靠电能操纵转向系统，是智能网联汽车实现自动驾驶功能的重要执行机构。SBW 系统是汽车转向系统的一种全新形式，它取消了转向盘到转向执行机构之间的机械部分，摆脱了传统转向系统机械连接的限制。本学习任务主要以 SBW 系统为主，介绍线控转向系统的安装与调试。

4.1 任务导入

某汽车设计公司立项某汽车线控底盘转向系统解决方案，为此购买了市面上一款线控底盘作为对标产品，委派员工协作开展逆向研究。按照公司的工作手册，需要完成对这一款对标产品的线控转向系统结构、作用及工作原理的认知，为后续工作打好基础。转向系统机械部分已经安装调整完毕，标定人员需要依据通信协议对转向系统线控部分进行安装与测试，完成线控转向系统零位标定与转向角度标定的工作。

4.2 任务分析

知识目标	1. 能查阅随车资料，识记线控转向系统各部分组成名称。 2. 能对应随车资料，找到线控转向系统各部件位置，初步认知各部件之间的位置关系。 3. 能掌握线控转向系统的工作原理以及各个部件的作用。 4. 能熟悉转向盘模块的组成与各部件工作原理。 5. 能熟悉转向执行模块的组成与各部件工作原理。

（续）

技能目标	1. 能对照技术文件完成线控转向系统机械部分的安装与调试工作。 2. 能够理解 VCU 与转向模块 ECU 之间的关系。 3. 能够正确熟练连接 VCU 与 ECU 的相关线束。 4. 能够理解说明 CAN 通信原理，掌握线控转向相关报文。 5. 能够熟练使用 CAN 卡，完成线控转向系统测试标定。
素养目标	1. 养成拆卸安装过程中良好的劳动习惯。 2. 养成应用技术资料完成结构认知自学的职业能力。 3. 能够通过实践项目养成团队协作意识。

4.3　任务资讯

4.3.1　线控转向系统概述

　　线控转向的目的是实现车辆的横向控制，其核心是实现转向轮的转角控制。线控转向系统主要由转向盘模块、转向执行模块和控制器三大模块组成，此外还有故障容错系统、电源系统、车载通信网络等辅助系统，其结构如图 4-1 所示。

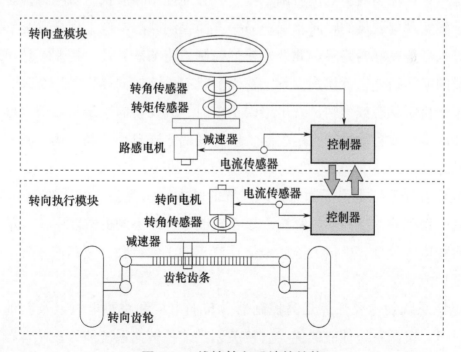

图 4-1　线控转向系统的结构

转向盘模块主要由转向盘、转矩传感器、转角传感器、减速器、路感电机、路感电机电流传感器等组成。转向盘模块有两个基本功能，一是将驾驶员转向意图（通过转向盘转角传感器测量转向盘转角）转化为数字信号传递给控制器，控制器根据转向控制策略和算法得到转向轮目标转角，控制转向电机驱动转向执行机构实现转向；二是主控制器根据相应的路感算法向路感电机发送控制信号产生路感，以提供给驾驶员相应的路感信息。

转向执行模块由转向电机、减速器、转角传感器、齿轮齿条和电机电流传感器等组成，其主要功能是接收控制器的指令，将测得的转向轮转角信号反馈给控制器，并依据驾驶员意图及车辆运行状态，由转向电机产生合适的转矩和转角，控制车轮转向，完成转向轮的角度伺服控制；转向执行模块同时将转向轮转角及转向电机电流信号反馈到控制器，作为路感模拟的输入信号。

控制器是线控转向系统的控制中心和决策中心，相当于系统的"大脑"。它通过对采集的信号进行分析处理，对驾驶员转向意图和当前汽车状态进行判断，根据控制策略做出合理控制决策。控制器向转向电机和路感电机发送指令，控制两个电机协调工作。一方面控制转向执行机构，保证汽车能够准确实现驾驶员的转向意图；另一方面控制路感电机，保证其能够给驾驶员提供舒适良好的路感。此外，根据控制策略的差异性，控制器还可以对驾驶员的操作指令进行识别，判定在当前状态下该转向操作是否合理，当汽车处于非稳定状态或驾驶员发出错误指令时，线控转向系统将屏蔽驾驶员错误的转向操作或自动进行稳定控制，以合理的方式自动驾驶车辆，将安全风险降到最低。

故障容错系统是为了确保转向系统的基本转向功能而设计的备用模块，它包括一系列的监控和实施算法。该系统能够针对不同的故障形式和故障等级做出相应的处理，以最大限度地保持汽车的正常行驶，提高汽车转向系统的安全性能。

电源系统的主要任务是为控制器、转向电机和路感电机以及其他车载电器供电。电源系统性能的优劣直接关系到线控转向系统能否正常运行。转向电机的功率可达 500~800W，加上其他车用电器，电源系统的负荷较大，为保证汽车在较高的电负荷下稳定工作，必须配备高性能电源。

车载通信系统的作用是快速实现各个模块之间的通信交流，减少车内连线数量。目前，车载通信总线有 CAN、TTP/C、FlexRay、MOST、车载以太网和 LIN 等总线。

4.3.2　线控转向系统的工作原理

线控转向系统取消了传统设计中的机械连接，由控制器根据传感器采集反馈的信号，做出决策并发出控制指令，完成相应的功能，其工作原理如图 4-2 所示。

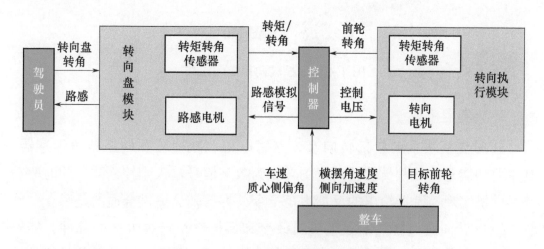

图 4-2　线控转向系统的工作原理

驾驶员根据当前行驶环境和驾驶经验，转动转向盘输入转向指令，转矩转角传感器将采集到的转矩 / 转角信号传递给控制器，控制器结合其他传感器传回的车速、横摆角速度、侧向加速度等车辆动态信号，判断汽车行驶状态和路面条件，并根据控制算法，输出信号到转向执行总成，控制转向电机输出合适的转矩和转角，完成汽车转向操作，使汽车按照驾驶员的意图和指令行驶。

当汽车受到外界干扰时，控制器根据车辆反馈的信息，主动对前轮转角进行调整，保证汽车稳定行驶。同时控制器根据转向执行总成反馈回来的信号，对路感电机进行控制，产生良好的路感，使驾驶员能够准确感知路面信息。

4.3.3　线控转向系统的组成

线控转向系统最显著的特征就是取消了传统转向系统中从转向盘到转向执行器之间的机械连接。线控转向系统的机械部分主要由转向盘模块和转向执行模块组成，如图 4-3 所示。

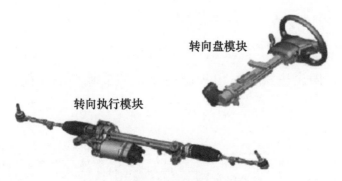

图 4-3　线控转向系统的组成

1. 转向盘模块

转向盘模块主要包括转向盘、路感电机、减速器和转矩转角传感器，其主要功能是将驾驶员的转向意图转变为数字信号输入到控制器，同时驱动路感电机实现控制器给出的反馈力矩指令，为驾驶员提供合适的路感。

（1）转向盘　转向盘是驾驶员改变和保持汽车行驶方向的部件，能够将驾驶员转动转向盘的转角通过转矩转角传感器转换成电信号并传给线控转向控制器，再通过车载网络传递给转向执行机构，从而使转向轮偏转相应的角度。

传统转向系统中，转向盘一般呈圆形。线控转向系统中，转向盘可采用圆形，也可采用非圆形，甚至可采用操纵杆或遥控器的形式。非圆形转向盘可以有效减小转向盘体积，使驾驶员腿部有更充裕的活动空间。

转向盘通过花键与转向轴相连，并用螺母或螺栓紧固。其内部由金属骨架构成，骨架的外面一般包有柔软的合成橡胶或树脂，起到缓冲作用。汽车的转向盘除装有喇叭控制开关和驾驶员安全气囊外，通常还装有自动巡航、音响娱乐等系统的控制开关。当转向盘转动时，这些电子元器件也随之转动。为保证它们与汽车主线束电信号的正常接通，需采用螺旋线束，如图 4-4 所示。

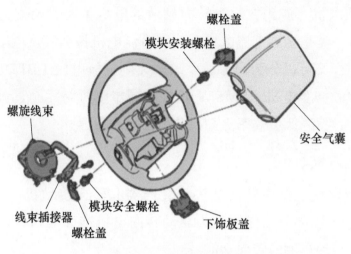

图 4-4　转向盘结构

（2）转矩转角传感器　转矩转角传感器是检测转向盘转动角度和驾驶员施加在转向盘上的转矩并将信号转换为计算机能识别的电信号的变换装置。转矩转角传感器按照结构不同可分为接触式传感器和非接触式传感器。

接触式传感器的传感元件之间一直存在滑动摩擦，因此在使用过程中容易磨损老化，出现测量信号不准确甚至报错的情况，现已基本淘汰，目前常用的是非接触式转矩转角传感器。

非接触式转矩转角传感器如图 4-5 所示，其基本原理为定子线圈上提供一个正弦的励磁电流，在气隙中形成一个正弦分布的旋转磁场，转子线圈感应该磁场得到一个与励磁同频率但不同幅值和不同相位的正弦电压信号，通过解析该感应电动势可以得出转子线圈的位置，从而得到测量扭杆偏转角。

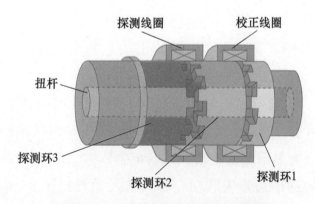

图 4-5　非接触式转矩转角传感器

学习任务 1

学习任务 2

学习任务 3

学习任务 4

学习任务 5

（3）路感电机 应用在汽车转向领域的电机主要有两类，一类是有刷直流电机，另一类是无刷直流电机。无刷直流电机根据其反电动势和供电电流的波形不同，又可以分为由方波驱动的无刷直流电机（BLDCM）和由正弦波驱动的永磁同步电机（PMSM）。永磁同步电机与无刷直流电机相比体积小、重量轻、噪声低、效率更高、功率密度更高。

2. 转向执行模块

转向执行模块主要由转向电机、转向器和转向传动机构等部件组成，如图 4-6 所示。该部分工作原理为驱动转向电机准确地执行控制器给出的转向角指令，实现车辆的转向功能。

图 4-6　转向执行模块的结构

（1）转向电机及减速机构 转向电机根据 ECU 的指令输出合适的转矩，控制转向器左右移动实现转向。转向电机分为直流有刷永磁式和直流无刷永磁式两种。前者可靠性差，控制程序简单；后者可靠性高，但控制程序较复杂。目前常采用直流无刷永磁电机。

安装在转向器上的电机与减速机构由蜗杆、蜗轮和直流电机组成，如图 4-7 所示。当蜗杆与安装在转向器输出轴上的蜗轮啮合时，会降低电机速度并把电机输出力矩传递到输出轴。

（2）转向器 转向器是把转向盘的转动变为转向摇臂的摆动或转向齿条移动的部件，目前汽车上广泛使用的转向器有齿轮齿条式和循环球式，乘用车线控转向系统大多采用齿轮齿条式转向器。

齿轮齿条式转向器通常安装在副车架或发动机托架上，具有结构简单、质量轻、转向灵敏、成本低、便于布置等特点。

图 4-7　转向电机总成

　　齿轮齿条式转向器主要由输入轴及小齿轮、齿条、转向器壳体等组成，如图 4-8 所示。输入轴用轴承支承在转向器壳体中，并且采用油封密封。其上部通过花键与转向柱下万向节配合，下部加工有小齿轮，小齿轮与齿条啮合。齿条装在管型转向器壳体内，并通过弹簧及压块紧压在输入轴小齿轮上，以减轻或避免小齿条受到振动或冲击。齿条两端通过球节（通常称为"内球节"）连接转向横拉杆，球节可以满足转向轮相对于转向器空间运动的要求。转向器管型壳体两侧各装有一个防护罩，并用卡箍紧固，它们将齿条、转向横拉杆、内球节等密封起来，可防止水、灰尘或者其他污染物进入转向器。

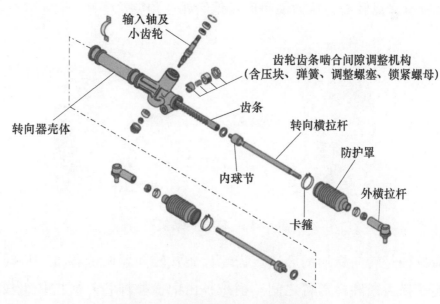

图 4-8　齿轮齿条式转向器结构

齿轮齿条式转向器的工作原理如图 4-9 所示。转向时，输入轴上的小齿轮从转向轴获得旋转力矩，驱动与之啮合的齿条做横向移动，与齿条直接连接的横拉杆也随之横向移动，从而驱动转向传动机构中的其他部件工作，使转向轮偏转相应的角度，实现汽车转向。

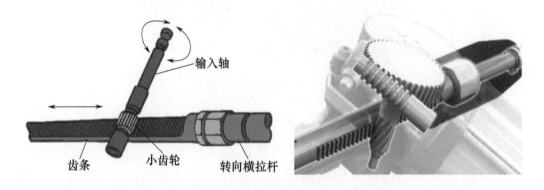

图 4-9　齿轮齿条式转向器的工作原理

（3）转向传动机构　转向传动机构将转向器输出的力矩传递给转向桥两侧的转向节，使两侧转向轮偏转。同时，它使两侧转向轮偏转角度按一定关系变化，以保证汽车转向时车轮与地面相对滑动尽可能小。

线控转向系统的转向传动机构主要由转向横拉杆、球节等组成，如图 4-10 所示。当齿条左右移动时，横拉杆也随之等量移动，推动梯形臂及转向节绕着支点转动，从而使转向轮偏转相应角度。

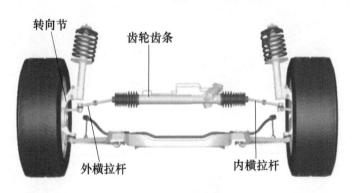

图 4-10　转向传动机构

横拉杆是转向梯形的底边，齿轮齿条式转向器两侧各有一根转向横拉杆，连接在齿条和梯形臂之间。横拉杆由内横拉杆和外横拉杆组成，外横拉杆套在内横拉杆一端，并用锁紧螺母锁紧，如图 4-11 所示。松开锁紧螺母，转动内横拉杆，可以调整横拉杆的长度，从而调整转向轮前束。由于悬架在转向时会产生变形，所以转向轮相对于车架或转向器的运动、转向横拉杆的运动都是空间运动。为了防止其运动产生干涉，横拉杆通常使用球节连接其他部件。

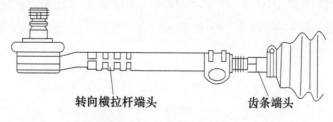

图 4-11　转向横拉杆

　　转向传动机构中所有运动部件大都使用球节连接，球节跟随转向传动机构左右移动，并且允许相关部件跟随悬架上下跳动。球节主要由球头及球头销、球头座、球节窝、压缩弹簧、防尘罩等组成，如图 4-12 所示。

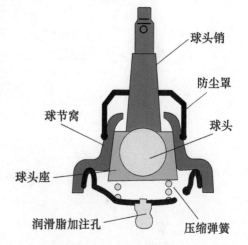

图 4-12　转向球节结构

4.3.4　线控转向系统的检查

　　转向传动机构的检查主要包括间隙检查和润滑检查。检查间隙时，朝各个方向上反复推拉转向传动机构中各杆件（如横拉杆），检查球节或铰链是否存在间隙，如图 4-13 所示。若存在间隙，则更换相应部件。

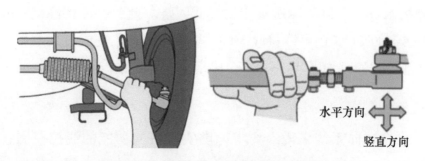

图 4-13　转向传动机构间隙调整

转向传动机构各球节或铰链必须保持良好的润滑状态。目前，转向拉杆出厂时涂有的润滑脂是终身免维护的。

4.3.5　线控转向系统的控制模块

线控转向的控制系统按集成部位可以分为转向盘模块、转向执行模块、电子控制单元（ECU）、整车控制器（VCU）及CAN通信网络，如图4-14所示。

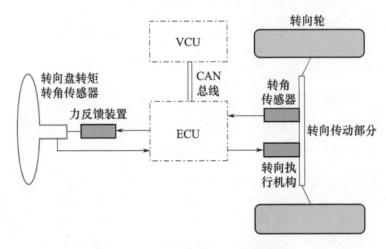

图4-14　线控转向系统控制模块

1. 电子控制单元

电子控制单元的功能是依据转矩转角传感器和车速传感器的信号进行分析和计算，从而发出指令，控制电机的动作。ECU还有安全保护和自我诊断的功能，ECU通过采集电机的电流、发动机转速等信号判断系统工作是否正常，一旦系统工作异常，电动助力被切断；同时，ECU将进行故障诊断分析，点亮故障指示灯，并以故障所对应的模式闪烁。此外，支持高级驾驶辅助系统（ADAS）的ECU还可以接收VCU发出的指令，完成转向动作。电子控制单元外部接线原理如图4-15所示，接线端针脚如图4-16所示。

2. 整车控制器

对于线控转向系统来说，要求能够实现转向功能的线控控制，并提供相应的线控CAN接口；要求能够在一定速度范围内实现转向控制，转角控制精度误差在 5% 以内，响应时间在 0.2s 内。

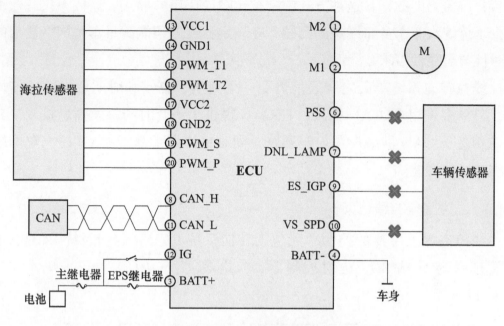

图 4-15 外部接线原理

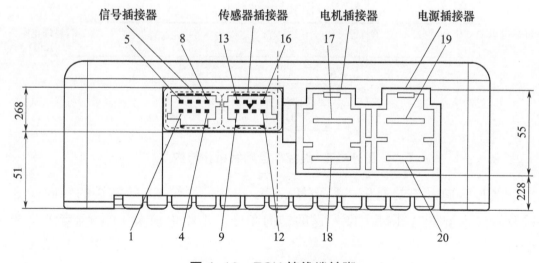

图 4-16 ECU 接线端针脚

4.3.6 线控转向系统的通信原理

CAN 总线因具有抗干扰能力强、性能可靠、网络安全实用特点，非常适合车载计算机控制及其他工业场所。CAN 总线采用铜线串行方式，所有控制器交互的信息都会发送至此，当某一控制器需要相关数据时，会自动筛选自身所需要的数据，这种方式常常被比喻成广播的形式。这样不仅有效地减少了传统汽车车身布线难的问题，在一定程度上还能满足车载网络通信的实时性与可靠性需求。

线控转向系统单元之间通信需要一个高速、容错和时间触发的通信协议，目前多采用 TTCAN 标准。TTCAN 提供了一套时间触发消息机制，允许使用基于 CAN 网络形成控制环路，同时也提高了基于 CAN 的汽车网络的实时通信性能。

1. 线控底盘的通信架构

线控底盘上主要的控制单元包括转向系统 ECU、制动系统 ECU、电池管理系统（BMS）、电机控制器、充电单元（OBC）及仪表单元，如图 4-17 所示。

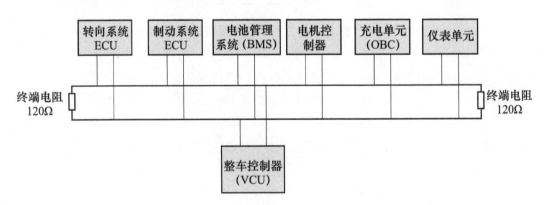

图 4-17　线控底盘网络拓扑结构

线控转向系统的通信主要包括 VCU 向转向系统 ECU 发送的转向指令以及转向系统 ECU 向 VCU 发送的转向角度、电机电流及 ECU 温度等反馈信息。

2. 转向模块 ECU 通信

以某转向系统 ECU 为例，其通信主要存在于 VCU 与转向系统 ECU 之间，通信速率为 500kbit/s。报文采用 Motorola 格式，帧格式为标准帧，协议详细说明见表 4-1。

表 4-1　转向系统电控单元通信协议格式

发送	接收	ID	周期	数据位	含义
VCU	ECU	0x314	50ms	1	1 工作，0 停止[1]
				1	预留[2]
				1	1 设置当前位置为中位，0 该命令失效[3]
				1	预留[4]
				4	预留[5]
				16	角度旋转到当前数值对应角度（-720°~+720°），0° 为中点位置[6]
				16	预留[7]
				24	预留[8]
ECU	VCU	0x18F	100ms	8	ECU 状态[9]
				16	当前角度值[10]
				16	当前电机电流[11]
				8	预留[12]
				8	ECU 温度[13]
				8	预留[14]

[1] bit0 = 1 → ECU 进入工作模式；bit0 = 0 → ECU 进入停止模式。

[2] bit1 = 0（默认）。

[3] bit2 = 1 → ECU 标定当前位置为角度中点，即 0°（bit2 生效的时候 bit0 = 0，即 Byte0 = 0x04）。

[4] bit3 = 0（默认）。

[5] bit4~bit7 = 0（默认）。

[6] Byte1、Byte2 = 0x"××××"：例如，CCW = 80°（逆时针转角 80°）→ Byte1、Byte2 = 0X0050；CW = 80°（顺时针转角 80°）→ Byte1、Byte2 = 0xFFB0（65536-80）。

[7] Byte3、Byte4 = 0x0000（默认）。

[8] Byte5~Byte7 = 0x000000（默认）。

备注：手动模式操作如下：

临时进入手动模式：只需要转向盘施加的力 ≥ 2N·m（转矩可设置）即可进入，进入后过段时间会重新回到转角控制模式（时间可设置）。

一直工作于手动模式：发送 00 00 00 00 00 00 00 00 报文即可。

[9] ECU 状态描述：

bit0=1：工作模式；bit0=0：停止模式。

bit1=1：ECU 驱动部分烧毁；bit1=0：ECU 驱动部分正常。

bit2=1：ECU 检测到故障；bit2=0：ECU 未检测到故障。

bit3=1：ECU 检测到 MOSFET 过温；bit3=0：未检测到 MOSFET 过温。

bit4~bit7：预留。

[10] Byte1、Byte2 = 0x"××××"：例如，CCW = 80°（当前角度值为逆时针 80°）→ Byte1、Byte2 = 0x0050；CW = -80°（当前角度值为顺时针 80°）→ Byte1、Byte2 = 0xFFB0。

[11] Byte3、Byte4 = 0x"××××"：例如，CCW 电机电流 = 50A → Byte3~Byte4 = 0xC350；CW 电机电流 = 50A → Byte3~Byte4 = 0X3CB0。

[12] Byte5 = 0x00（默认）。

[13] Byte6 = 0x"××"：例如，当前 ECU 温度 = 39℃ → Byte6 = 0x27。

[14] Byte7 = 0x00（默认）。

备注：当 300ms 内未检测到 CAN 信号，ECU 转到角度零点（当前 ECU 标定的角度中点，即 0°）。如果此时需要转向系统做出相应动作，则只需要按照协议中规定的格式，使用 CAN 总线分析仪向 CAN 总线上发送相应数据即可。比如发送数据 ID 设定为 0x314，数据内容中相应位置按照十六进制调整为 0x0050，发送周期设定为 50ms，ECU 接收到这一报文数据后，会发出相应指令，驱动转向轴转动 80°。

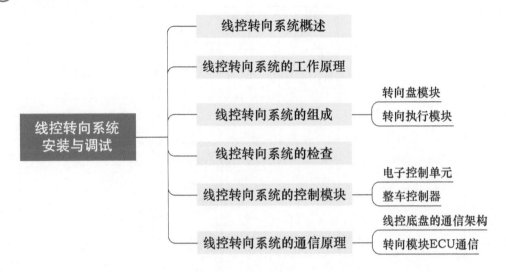 资讯小结

线控转向系统安装与调试
- 线控转向系统概述
- 线控转向系统的工作原理
- 线控转向系统的组成
  - 转向盘模块
  - 转向执行模块
- 线控转向系统的检查
- 线控转向系统的控制模块
  - 电子控制单元
  - 整车控制器
- 线控转向系统的通信原理
  - 线控底盘的通信架构
  - 转向模块ECU通信

4.4 任务准备

1. 任务计划

（1）工具设备介绍

子任务模块	设备工具	功能备注
任务1 线控转向系统的安装	绝缘工具箱 高压防护用具 警示标识牌 翼子板防护垫	绝缘工具箱用于完成线控转向系统各部件的拆卸与安装 高压防护用具用于保护操作人员操作过程中的人身安全 警示标识牌用于安全警示，提示作业状态 翼子板防护垫用于操作过程中保护车辆
任务2 线控转向系统CAN总线的检测	绝缘工具箱 数字式万用表 数字示波器 CAN总线分析仪 计算机及上位机软件 探针及线束	绝缘工具箱用于完成线控转向系统各部件的拆卸与安装 数字式万用表用于测量CAN总线电压值 数字示波器用于测量CAN总线波形 CAN总线分析仪用于采集CAN总线上的数据并进行读取分析 探针及线束用于测量过程中的连接
任务3 线控转向系统的标定	绝缘工具箱 数字式万用表 CAN总线分析仪 计算机及上位机软件 探针及线束	绝缘工具箱用于完成线控驱动系统各部件的拆卸与安装 数字式万用表用于测量CAN总线电压值 CAN总线分析仪用于向通信总线上发送调试数据 探针及线束用于测量过程中的连接

（2）实操预演

1）通过链接，熟悉任务流程。

2）通过链接，观看线控转向系统的安装。

3）通过链接，观看线控转向系统 CAN 总线的检测。

4）通过链接，观看线控转向系统的标定。

实操预演　→　线控转向部件的装配

2. 任务决策

通过对"实操预演"环节的视频学习，并经过分析与讨论后，列出完整的操作步骤。

步骤	任务 1 线控转向系统的安装	任务 2 线控转向系统 CAN 总线的检测	任务 3 线控转向系统的标定
1			
2			
3			
4			
5			
6			
7			
8			
9			

4.5　任务实施

4.5.1　线控转向系统的安装

1. 前期准备

（1）安装前检查　准备好数字示波器、测量线束、信号发生器、信号发生器线束等设备，并进行外观检查。

（2）拆装工具检查

1）防护工具箱外观结构完好。

2）世达工具 150 件套完整齐全。

根据实际情况在"□"位置上打"√"			
绝缘手套外观是否完好	是 □　否 □	安全帽生产日期是否符合要求	是 □　否 □
设备线束插头是否完好	是 □　否 □	工具使用功能是否正常	是 □　否 □
线束绝缘外层有无损坏	有 □　无 □	工具是否齐全	是 □　否 □

2. 实操演练

实施步骤	标准 / 图示	操作要点
转向机系统的装配		使用 13mm 套筒拧紧 4 个固定螺栓，将转向机穿入并固定卡子到卡槽位置
安装转向机卡子与螺栓	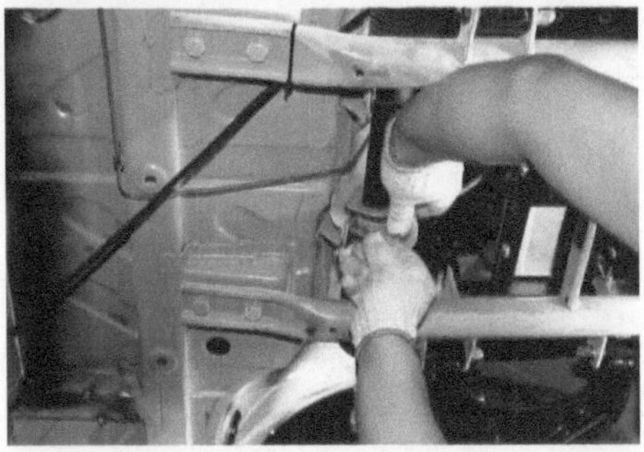	用手将螺栓带上
紧固		选用 13mm 套筒扳手将 4 个螺栓顺时针拧紧

（续）

实施步骤	标准 / 图示	操作要点
施加拧紧力矩		使用扭力扳手紧固
安装转向球头	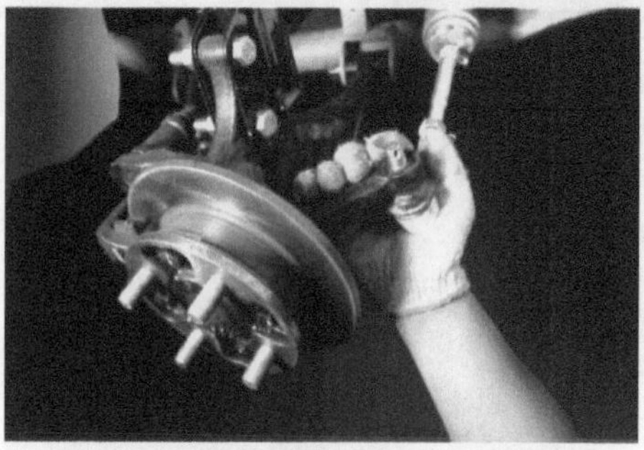	安装转向机两边拉杆球头并连接转向拉杆球头
紧固		将转向机拉杆球头螺母拧紧，选用 18mm 套筒扳手拧紧
紧固转向拉杆	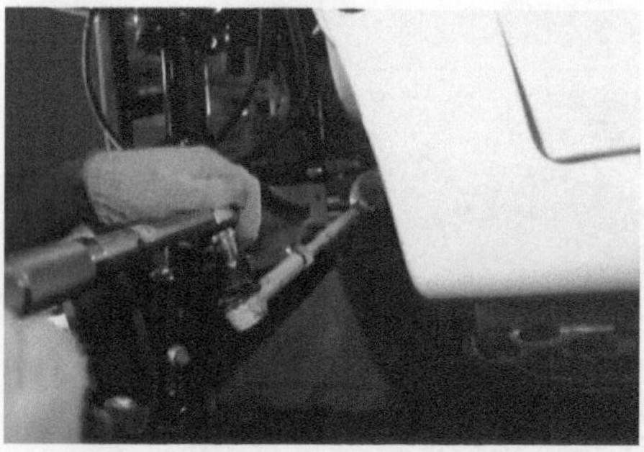	将转向机拉杆螺母拧紧，选用 18mm 套筒扭力扳手拧紧

（续）

实施步骤	标准/图示	操作要点
安装开口销		使用尖嘴钳工具把开口销穿上
安装转向轴万向节	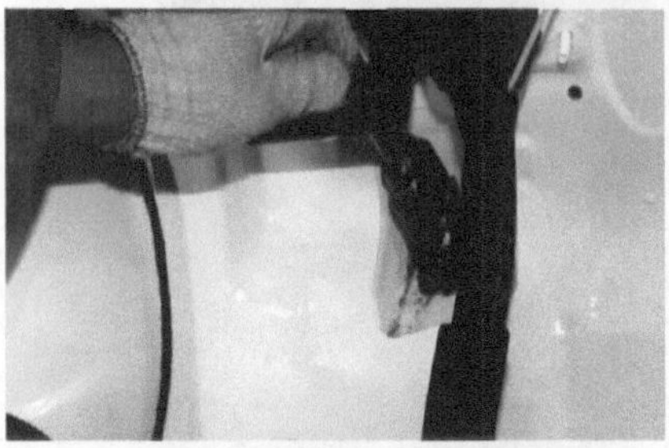	选用13mm套筒扳手拧紧螺栓
紧固转向轴万向节	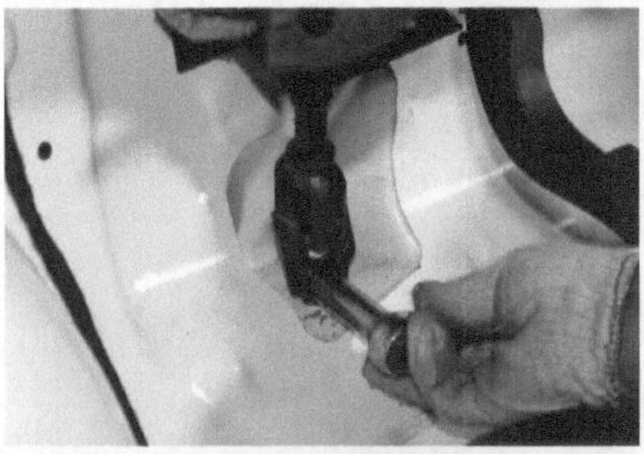	选用13mm套筒扳手拧紧螺栓
紧固	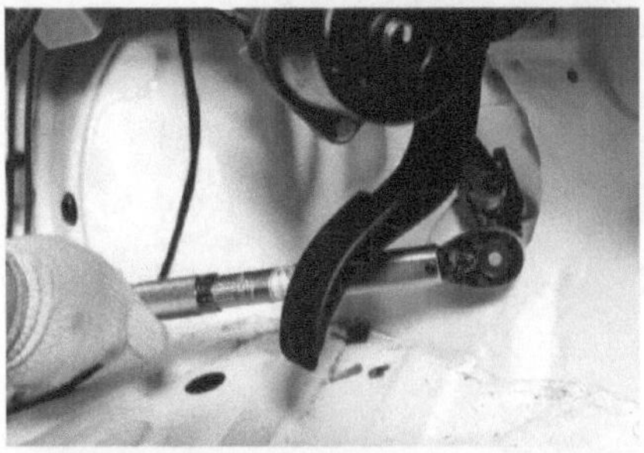	采用机械扭力扳手二次紧固螺栓
将转向轴万向节旋转调整至中间位置		总计3.5圈，从最左侧旋转1.75圈即可

（续）

实施步骤	标准 / 图示	操作要点
安装转向助力电机总成	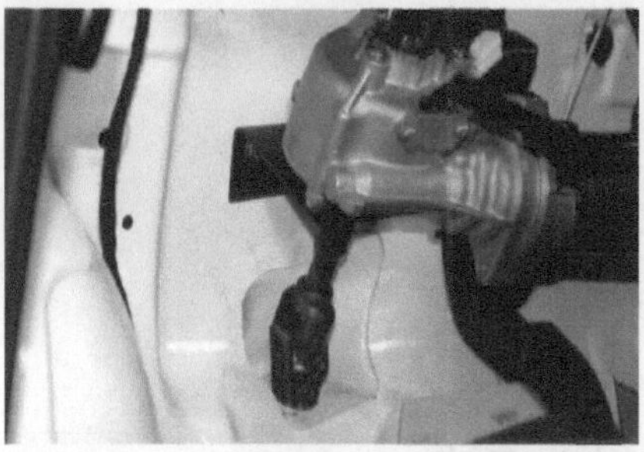	固定 3 个螺栓
安装转向电机	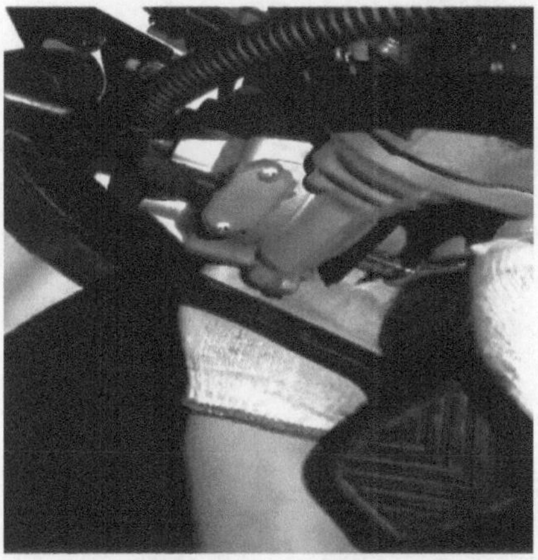	选用 10mm 套筒将 3 个转向电机固定螺栓拧紧
紧固	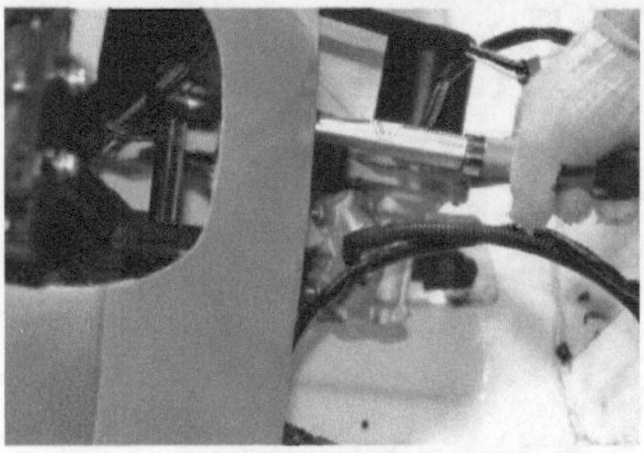	采用机械扭力扳手二次紧固转向机螺栓
安装转向管柱万向节到转向电机花键轴上	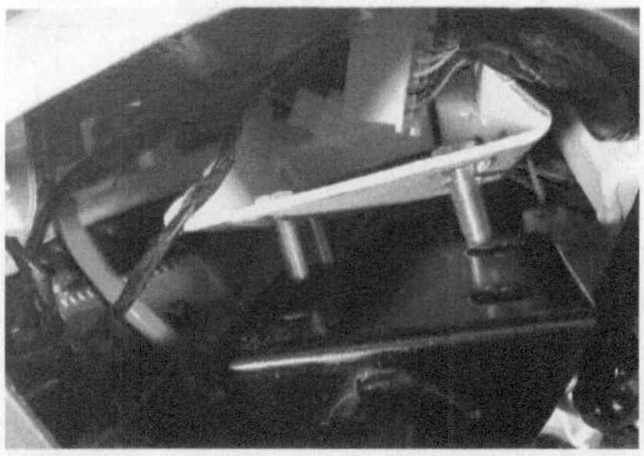	选用 13mm 套筒扳手拧紧螺栓

（续）

实施步骤	标准／图示	操作要点
紧固		使用 13mm 套筒扳手将转向管柱 4 个固定螺栓拧紧
施加拧紧力矩	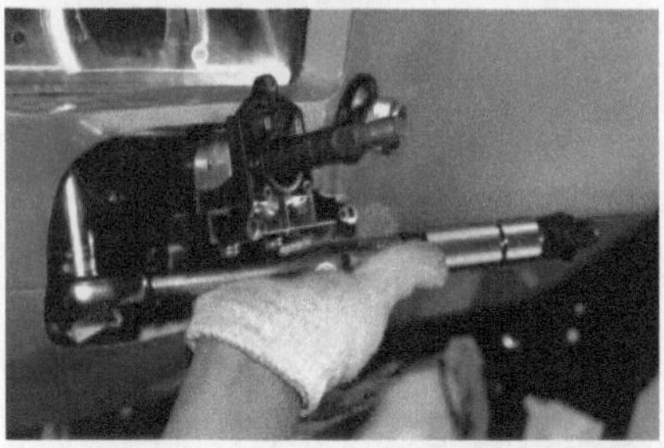	采用机械扭力扳手二次紧固转向管柱螺栓
组合开关的装配	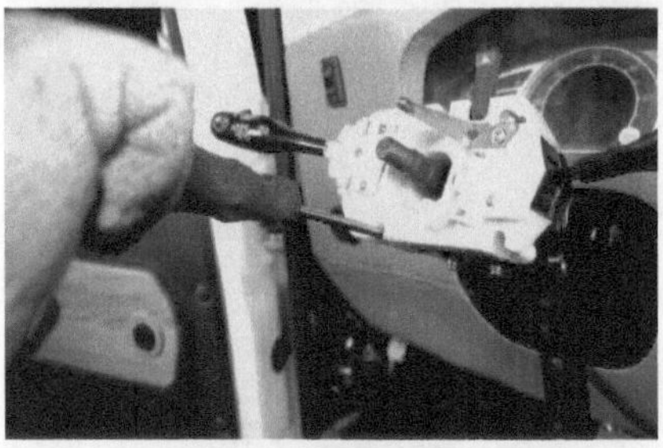	安装组合开关内部螺栓，选用十字螺钉旋具拧紧
安装组合开关包裹内衬板	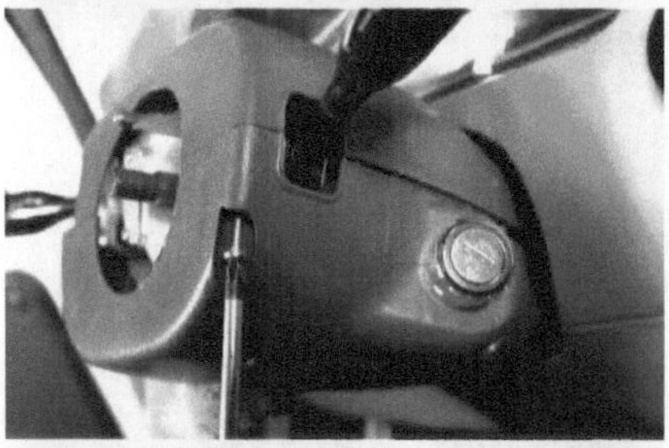	选用十字螺钉旋具拧紧
加装转向盘	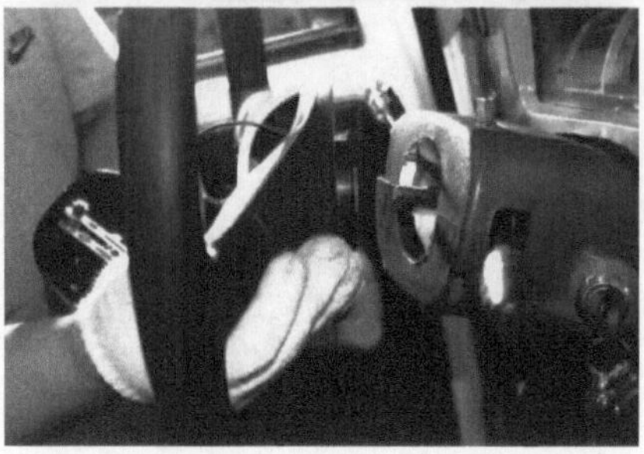	找到转向盘中心位置并保证安装过程中能够保持正中位置

（续）

实施步骤	标准 / 图示	操作要点
安装转向盘		将转向盘放入转向管柱转向轴上
安装固定螺栓	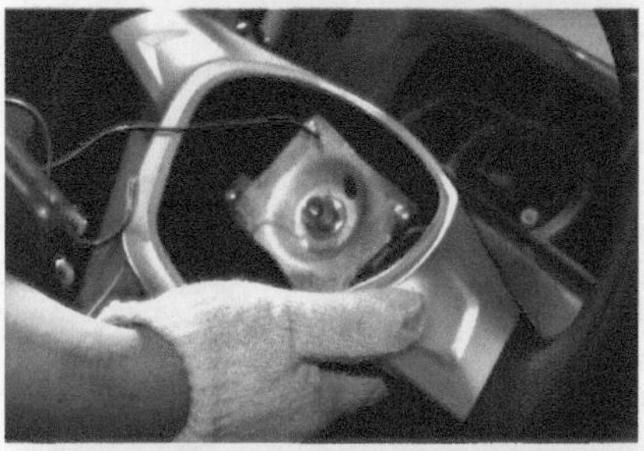	把转向盘螺母用手拧在转向盘上
紧固螺栓	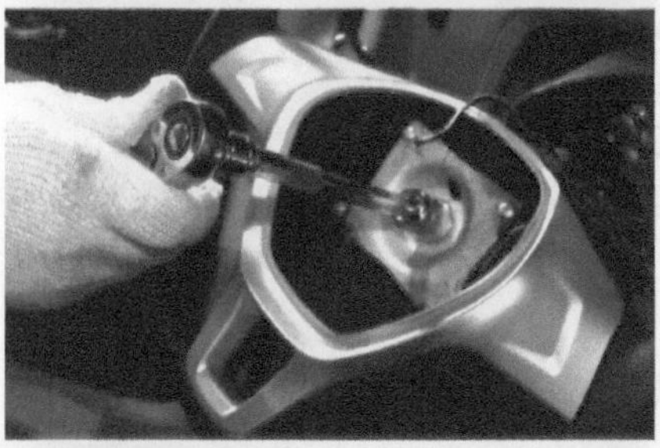	选用 18mm 套筒扳手拧紧转向盘锁紧螺母
施加拧紧力矩		采用机械扭力扳手二次紧固转向盘螺栓
安装喇叭开关		连接喇叭开关插头，安装转向盘上盖（喇叭开关）

（续）

实施步骤	标准 / 图示	操作要点
连接线束	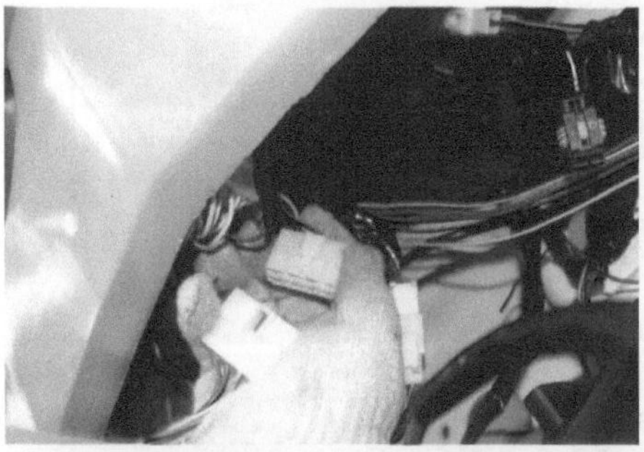	连接组合开关线束插接器和点火开关线束插接器
转向机线束连接		安装完成后检查线束是否牢固

4.5.2　线控转向系统 CAN 总线的检测

1. 前期准备

（1）安装前检查　准备好数字示波器、测量线束、信号发生器、信号发生器线束等设备，并进行外观检查。

（2）数字示波器检查

1）外观结构完整，屏幕显示正常。

2）工具齐全，使用功能正常。

根据实际情况在"□"位置上打"√"			
外观有无破损	有□　无□	表笔测量头有无磨损	有□　无□
屏幕有无坏点	有□　无□	工具使用功能是否正常	是□　否□
线束绝缘外层有无损坏	有□　无□	工具是否齐全	是□　否□

（3）CAN 总线分析仪检查

根据实际情况在"□"位置上打"√"			
终端电阻检查是否正常	是□ 否□	外观是否正常	是□ 否□
指示灯是否正常	是□ 否□	发送测试是否正常	是□ 否□
接收测试是否正常	是□ 否□	线束是否齐全	是□ 否□

2. 实操演练

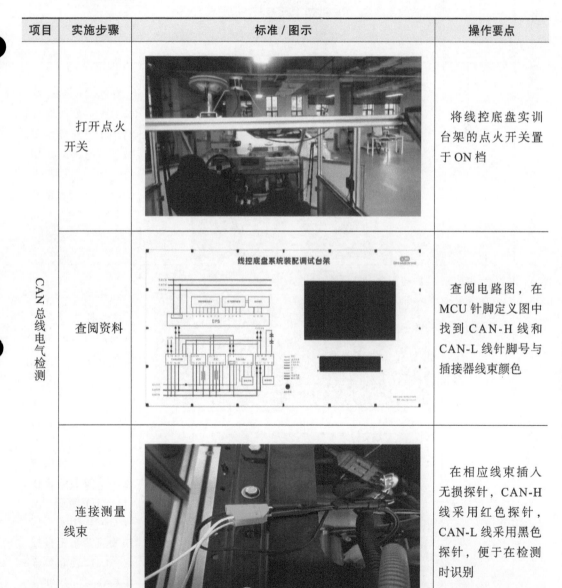

项目	实施步骤	标准 / 图示	操作要点
CAN 总线电气检测	打开点火开关		将线控底盘实训台架的点火开关置于 ON 档
	查阅资料		查阅电路图，在 MCU 针脚定义图中找到 CAN-H 线和 CAN-L 线针脚号与插接器线束颜色
	连接测量线束		在相应线束插入无损探针，CAN-H 线采用红色探针，CAN-L 线采用黑色探针，便于在检测时识别

（续）

项目	实施步骤	标准／图示	操作要点
CAN 总线电气检测	校表	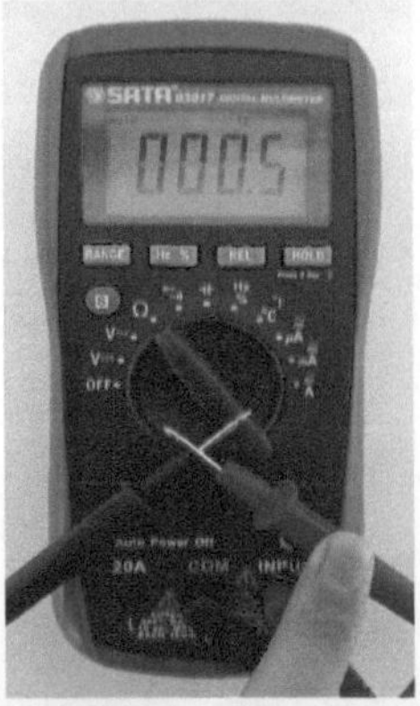	校表，将万用表置于电阻档，短接红表笔和黑表笔，万用表示数接近 0Ω
	测量	 	测量 CAN-H 线与 CAN-L 线对地电压，电压表示数稳定后读取电压值。正常状态下 CAN-H 线电压略高于 2.5V，CAN-L 线电压略低于 2.5V
CAN 总线波形检测	打开点火开关		将线控底盘实训台架的点火开关置于 ON 档
	测量线束连接		使用示波器通道 1（CH1）和通道 2（CH2），检测线连接示波器通道接口，CH1 测量端连接 CAN-H 线，搭铁线连接车身搭铁点；CH2 测量端连接 CAN-L 线，搭铁线连接车身搭铁点

（续）

项目	实施步骤	标准 / 图示	操作要点
CAN 总线波形检测	测量线束连接	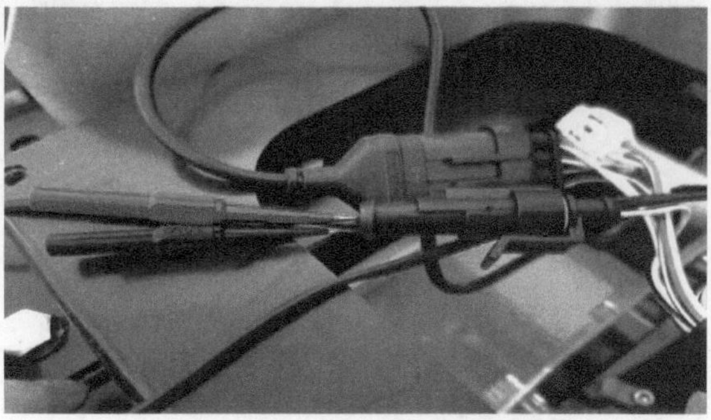	
	波形测量	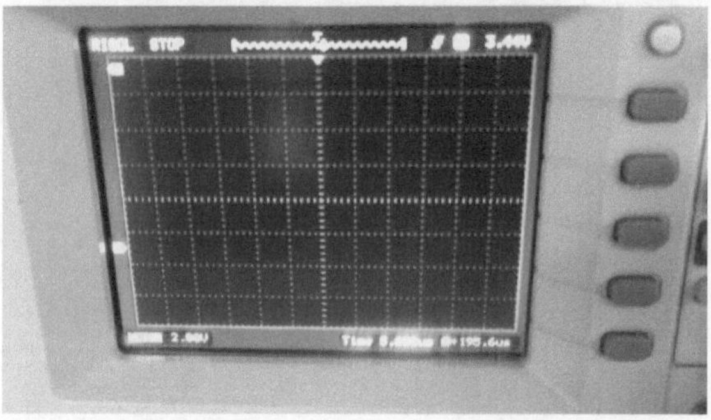	打开示波器开关，选择显示 CH1 与 CH2，调节幅值按键，设定为 2V/Div，调节周期按键，设定为 0.05ms/Div，双通道采集 CAN 总线波形
CAN 总线数据读取	打开点火开关		将线控底盘实训台架的点火开关置于 ON 档
	连接 CAN 总线分析仪线束	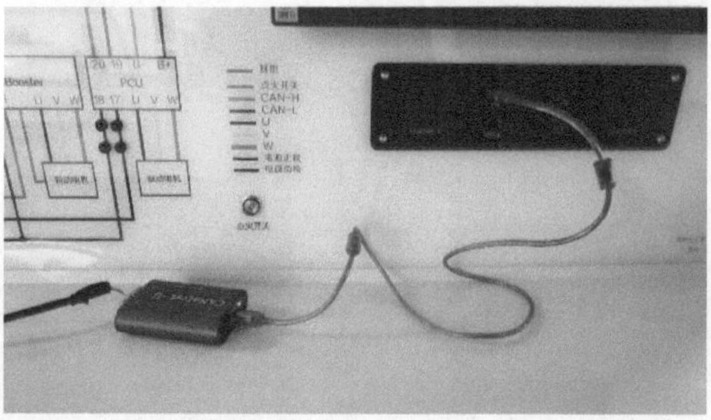	将 CAN 总线分析仪连接好，通过 USB 方口数据线连接计算机

（续）

项目	实施步骤	标准／图示	操作要点
CAN 总线数据读取	连接测量线束	 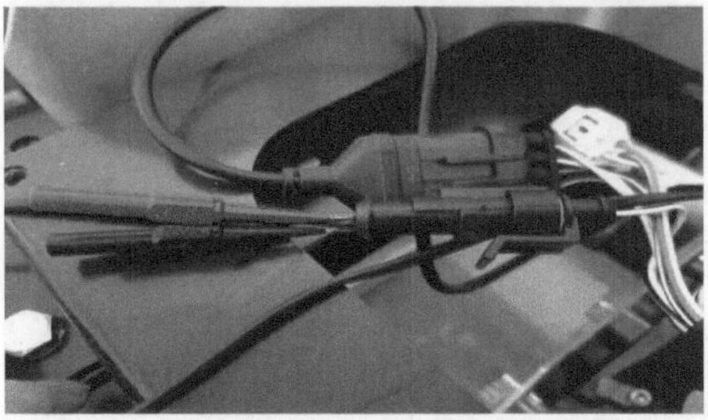	将 CAN 总线分析仪测量端口连接 CAN 总线预留接口或使用无损探针连接电机控制器 CAN 线，红色测量线连接 CAN-H 线，黑色测量线连接 CAN-L 线
	打开上位机软件	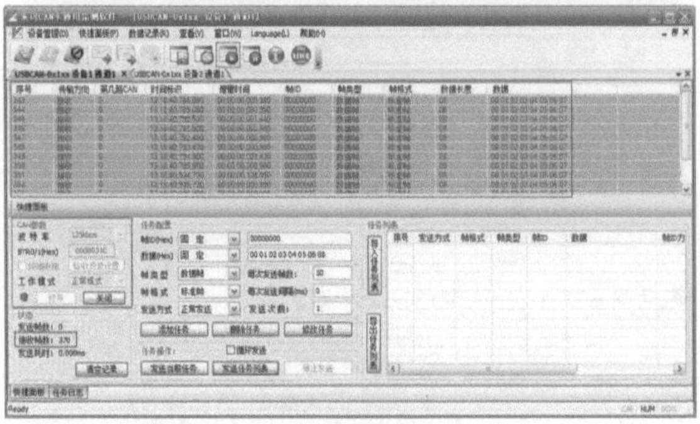	打开 CANtest 上位机软件，设置比特率为 500kbit/s，启用通道 0，读取 CAN 总线上的数据
	读取报文数据		找到 ID 为 0x314 与 0x18F 的两种报文，显示发送与接收正常，说明 VCU 与转向模块 ECU 之间的通信正常

4.5.3　线控转向系统的标定

1. 前期准备

（1）安装前检查　准备好安装有上位机软件的计算机、CAN 总线分析仪、线束并检查外观的完整性。

（2）使用前测试

根据实际情况在"□"位置上打"√"			
终端电阻检查是否正常	是 □　否 □	外观是否正常	是 □　否 □
指示灯是否正常	是 □　否 □	发送测试是否正常	是 □　否 □
接收测试是否正常	是 □　否 □	线束是否齐全	是 □　否 □

2. 实操演练

实施步骤	标准 / 图示	操作要点
断开整车控制器插接器		断开时先检查整车是否处于断电状态
打开电源（点火开关）		将线控底盘实训台架的点火开关置于 ON 档
连接测量线束		使用 CAN 总线分析仪连接预留 CAN 测试接口

101

（续）

实施步骤	标准／图示	操作要点
打开上位机软件	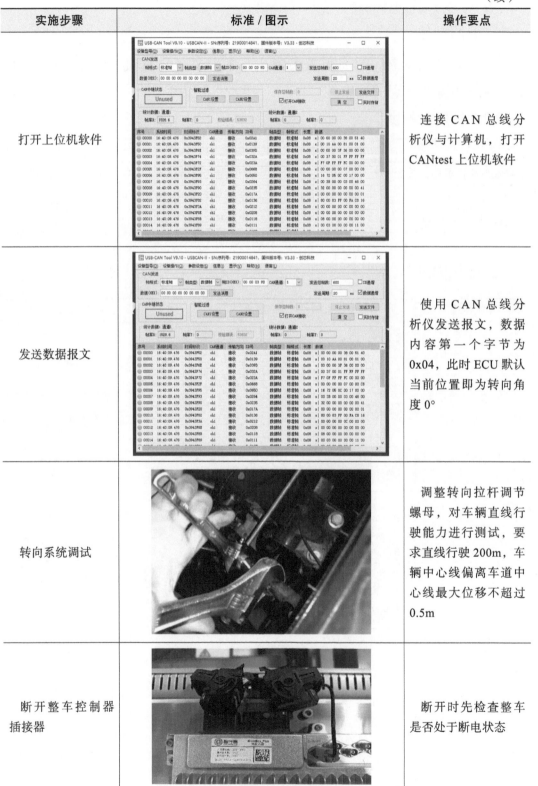	连接 CAN 总线分析仪与计算机，打开 CANtest 上位机软件
发送数据报文		使用 CAN 总线分析仪发送报文，数据内容第一个字节为 0x04，此时 ECU 默认当前位置即为转向角度 0°
转向系统调试		调整转向拉杆调节螺母，对车辆直线行驶能力进行测试，要求直线行驶 200m，车辆中心线偏离车道中心线最大位移不超过 0.5m
断开整车控制器插接器		断开时先检查整车是否处于断电状态

（续）

实施步骤	标准 / 图示	操作要点
连接测量线束	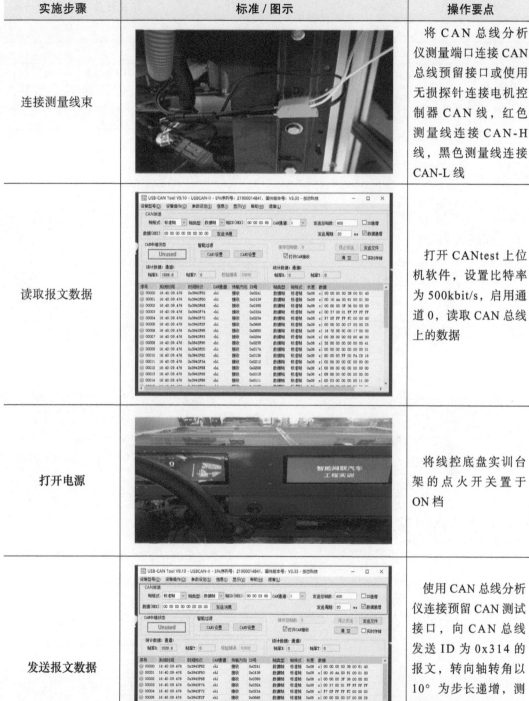	将 CAN 总线分析仪测量端口连接 CAN 总线预留接口或使用无损探针连接电机控制器 CAN 线，红色测量线连接 CAN-H 线，黑色测量线连接 CAN-L 线
读取报文数据		打开 CANtest 上位机软件，设置比特率为 500kbit/s，启用通道 0，读取 CAN 总线上的数据
打开电源		将线控底盘实训台架的点火开关置于 ON 档
发送报文数据		使用 CAN 总线分析仪连接预留 CAN 测试接口，向 CAN 总线发送 ID 为 0x314 的报文，转向轴转角以 10° 为步长递增，测量相应车轮转角进行标定，完成标定数据填写（表 4-2）

表 4-2　车轮转角标定

ID	角度（十进制）/（°）	角度（十六进制）	车轮转角	
			内侧	外侧
0x314	10	0x000A		
	20	0x0014		
	30	0x001E		
	……	……		

4.6　任务评价与小结

1. 任务评价

见附录 G、H、I。

2. 任务小结

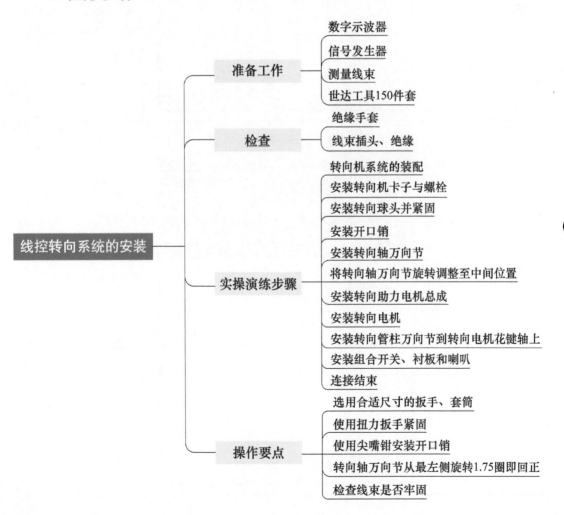

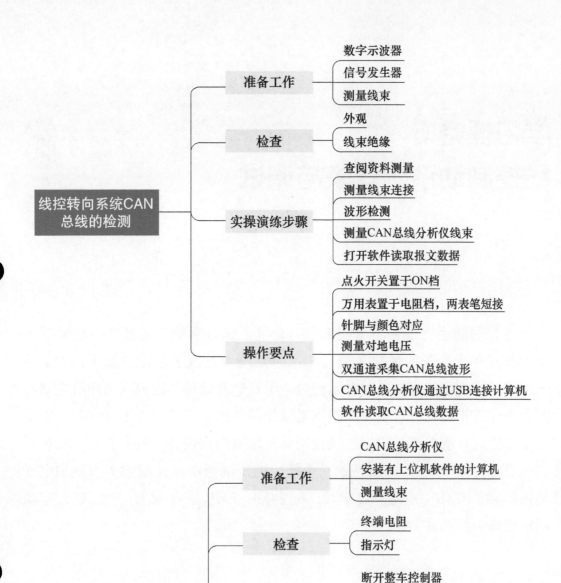

学习任务 5
线控制动系统安装与调试

线控制动系统是智能网联汽车自动驾驶执行层的重要环节。最早可以追溯到在车上装备的加速防滑（ASR）系统以及电子稳定控制（ESC）系统，这些技术已经可以实现在驾驶员不干预制动踏板的前提下由系统主动对部分车轮进行制动，可视为线控制动系统的雏形。电子驻车制动（EPB）系统也已经在车辆上广泛应用。线控制动技术发展到现在，依照其技术实现方式，可分为基于 ESC 的线控制动系统、电子液压制动（EHB）系统和电子机械制动（EMB）系统。本学习任务主要以 EHB 系统为主，介绍线控制动系统的安装与调试。

5.1 任务导入

某汽车公司生产一款线控底盘系统，采用 EHB 型线控制动系统。你作为线控制动系统装配调试技术人员，需要首先了解该型 EHB 系统的组成与技术特点等基础知识，以便准确规范地完成该型 EHB 系统的安装调试工作。

5.2 任务分析

知识目标	1. 能够查阅资料，了解线控制动系统的主要技术类型。 2. 能够在实车上找到线控制动系统主要部件并辨别其安装关系。 3. 能够简述线控制动系统的工作原理与各部件的作用。 4. 能够查阅资料，确定 EHB 线控制动系统的主要装配参数。

（续）

技能目标	1. 能够依照技术规范对 EHB 线控制动系统总成进行拆装。 2. 能够规范地排出 EHB 系统液压管路中的空气。 3. 能够阐述典型 EHB 系统控制系统的组成。 4. 能够阐述典型 EHB 系统的通信原理。 5. 能够使用示波器与 CAN 总线分析仪检测 EHB 系统 CAN 总线波形与数据。 6. 能够熟练使用 CAN 卡，发送相应报文，完成线控制动系统测试。
素养目标	1. 养成拆卸安装过程中良好的劳动习惯。 2. 养成应用技术资料完成结构认知自学的职业能力。 3. 能够通过实践项目养成团队协作意识。

5.3　任务资讯

5.3.1　基于 ESC 系统的线控制动

　　随着高级驾驶辅助系统（ADAS）在传统车辆上的应用，诸如自适应巡航（ACC）系统、自动紧急制动（AEB）系统功能的实现都需要使用线控制动功能。为满足使用需求，像博世（BOSCH）公司的 ESP 与大陆（Continental）公司的 ESC 系统开始支持 ACC 和 AEB 功能，目前，在 L2 自动驾驶及以下的常规车辆中一般采用的是基于 ESC 的线控制动系统。这样，传统车辆在制动执行部分只需升级 ESC 系统的版本就可以实现线控制动功能。

　　如图 5-1 所示，ESC 系统由传感器、控制器和执行器三部分组成。传

图 5-1　ESC 系统组成

1—液压控制单元　2—轮速传感器　3—转向盘转角传感器
4—横摆角速度、侧向加速度传感器　5—发动机通信管理系统

感器通常包括 4 个轮速传感器、转向盘转角传感器、侧向加速度传感器、横摆角速度传感器、制动主缸压力传感器等；控制器主要是电子控制单元，通常与发动机管理系统联动；执行部分则包括制动系统、液压调节器等。

　　ESC 是在防抱死制动系统（ABS）的基础上发展而来的，如图 5-2 所示，ESC 与 ABS 最大的不同在于 ESC 可以在没有踩制动踏板的情况下由预压泵建立制动压力并输出至制动轮缸产生制动效果。与 ABS 相比，ESC 主要增加了建立压力的预压泵以及两对电磁阀（VLV 和 USV）。

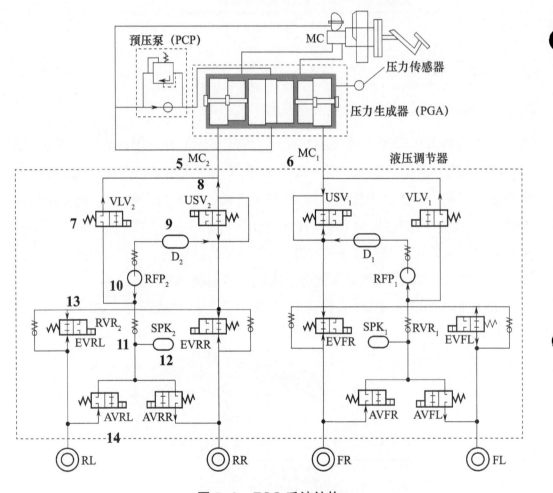

图 5-2　ESC 系统结构

　　由于 ESC 系统液压泵的功率较小，只适合承担紧急情况下的辅助制动，如果直接应用于 L3 自动驾驶及以上车辆的常规制动存在制动力不足及可靠性下降等问题。为满足更高级别线控制动的性能要求，相关厂商开发出了电子液压制动（EHB）系统与电子机械制动（EMB）系统等线控制动系统。

5.3.2　电子液压制动系统

电子液压制动（Electro-Hydraulic Brake，EHB）系统是在传统的液压制动器基础上发展而来的。电子液压系统用电子踏板取代了传统液压踏板，用电机、电动液压泵等电子元器件取代了传统制动系统中的真空助力器等传统机械零部件，保留了成熟度高的液压制动部分。在汽车智能化的趋势下，对 L3 及以上等级自动驾驶汽车来说，制动系统的响应时间非常关键，而线控制动执行信息由电信号传递，响应相对更快，制动距离更短。

如图 5-3 所示，EHB 用一个综合的制动模块来实现制动液压的建立与调节，模块由制动踏板单元、液压驱动单元、制动执行单元和控制系统 4 个部分组成。制动踏板单元作为制动信号的接收单元，接收驾驶员的制动意图、生成并传递信息，给驾驶员制动反馈。液压驱动单元取代传统制动系统中的真空助力部分来驱动液压，这里有"电机 + 减速机构"和"液压泵 + 高压蓄能器"两组装置；制动执行单元与传动制动系统一样；控制单元包括电控单

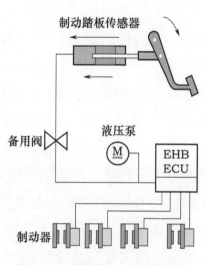

图 5-3　典型 EHB 系统结构

元、液压力控制单元以及各类传感器等。正常工作时，制动踏板与制动器之间的液压连接断开，备用阀处于关闭状态。电子踏板配有踏板反馈器与传感器，ECU 通过接收传感器信号最终通过电动液压泵实现制动，当电子信号发生故障时备用阀打开实现常规的液压制动。

在电子液压制动系统的发展过程中产生了机电伺服助力系统和集成式液压系统两个方向。机电伺服助力系统以博世的 ibooster 为代表（图 5-4），采用的是机电伺服助力器 + 液压制动 + 独立存在的 ESC 模式。

图 5-4　博世 ibooster 系统

其工作原理如下：当驾驶员踩下电子踏板时，踏板位移传感器检测生成信号发给控制单元，控制单元借助电机将信息表达为制动主缸的制动液压。该系统有两重安全防护，一是车载电源动力不足时，电子助力器带制动泵总成以节能模式工作，二是电子助力器带制动泵总成出现故障时，独立存在的 ESC 将接管制动系统以纯液压模式制动。

集成式液压系统以天合集成化制动控制（IBC）系统为代表。与机电伺服助力系统相比，集成式液压系统集成程度更高，它由一个集成单元取代了真空助力器体系以及 ESC 等独立零部件。集成式液压系统的核心组件为超高速无刷电机，除了助力功能，该电机还可以提供 ESC、ABS 等辅助制动功能。集成式液压系统失效时，则由无助力的液压模式接管。

相比传统的液压制动器，EHB 有了显著的进步，其结构紧凑，提高了制动效能，控制方便可靠，制动噪声显著减小，不需要真空装置，提供了更好的踏板感觉。由于模块化程度的提高，在车辆设计过程中又提高了设计的灵活性、减少了制动系统的零部件数量、节省了车内制动系统的布置空间。但是 EHB 还是有其局限性，那就是整个系统仍然需要液压部件，无法离开制动液。

5.3.3　电子机械制动系统

电子机械制动（EMB）系统和 EHB 系统的最大区别就在于它不再需要制动液和液压部件，制动力矩完全是通过安装在 4 个轮胎上的由电机驱动的执行机构产生，对于环境的污染大大降低。因此，EMB 系统相应取消了制动主缸、液压管路等，可以大大简化制动系统的结构，便于布置、装配和维修。电子机械制动系统是以电信号为传导介质，相比传统制动系统的液压或者气压介质在管路中的传导方式具有更快的响应速度，缩短了驾驶员踩下制动踏板到制动执行器开始工作的时间间隔。

EMB 系统由车载电源、电子制动踏板、制动力分配单元、车载网络和制动执行单元等部分组成（图 5-5），其中制动执行单元由驱动电机、加速增压装置、运动转换装置以及制动器等构成。电子制动踏板接收驾驶员踩踏板信息，制动力分配单元制定制动方案以达到最短制动距离，然后以电信号形式通过车载网络传递到制动执行单元实现制动。

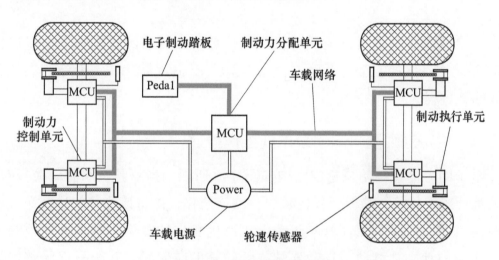

图 5-5　EMB 系统的结构

从长远来看，EMB 系统是未来车辆线控制动系统的发展趋势，但在现阶段 EMB 系统还存在着成本高、耐热性差、制动力有限等不足，需要克服以下技术难题：

1）没有备份系统，对可靠性要求极高。特别是电源系统，要绝对保证稳定，其次是总线通信系统的容错能力，系统中每一个节点的串行通信都必须具备容错能力。同时，系统需要至少两个中央处理器（CPU）来保证可靠性。

2）制动力不足。EMB 系统必须设在轮毂中，轮毂的体积决定了电机大小，进而决定了电机功率不可能太大，而普通轿车需要 1~2MW 的制动功率，这是目前小体积电机无法达到的高度，必须大幅度提高输入电压，即便如此也非常困难。

3）工作环境恶劣，特别是温度较高。制动片附近的温度高达数百摄氏度，而电机体积又决定只能使用永磁电机，但永磁体在高温下会退磁。同时，EMB 有部分半导体元件需要工作在制动片附近，普通半导体元件很难承受如此高的温度，而受体积限制，EMB 无法添加冷却系统。同时由于是簧下元件，振动剧烈，永磁体无论是烧结还是粘结都很难承受强烈振动，对半导体元件也是个考验。这就需要有一个高强度防护壳，然而轮毂内的体积非常有限，难以做到这一点。

4）需要针对底盘开发对应的系统，难以模块化设计，导致开发成本极高。

综合考虑各个类型的发展现状与优缺点，在目前的智能汽车上多选择 EHB 系统实现线控制动。下面主要以典型的 EHB 系统为主，介绍其参数及安装调试过程。

5.3.4 电子助力器带制动泵总成工作原理

电子助力器带制动泵总成结构如图 5-6 所示。当驾驶员踩制动踏板时，输入推杆产生位移，踏板行程传感器检测该位移，并将该位移信号发送至电子控制单元，控制单元计算并驱动电机产生相应的转矩，转化成伺服制动力，驱动制动主缸移动。自动驾驶或驾驶辅助应用时，系统根据传感器信号，当产生激活条件时，自动计算并驱动电机工作，从而实现自动制动。

图 5-6　电子助力器带制动泵总成结构

5.3.5 电子助力器带制动泵总成系统功能与特点

电子助力器带制动泵总成系统的主要功能与特点有以下 3 点。

1. 电控制动助力功能

制动助力是电子助力器带制动泵总成的主要功能。电子助力器带制动泵总成根据驾驶员踩踏板动作增加液压助力或消除液压助力，摆脱了制动系统对真空的依赖。与真空助力系统相比，电子助力器带制动泵总成可通过软件来定义制动性能曲线（图 5-7），以满足整车厂差异化的要求，即通过软件调整电机助力大小，使得踏板力和制动主缸压力的对应关系不是一成不变的（制动主缸压力大小代表的是制动距离、制动时间），而且让驾驶员可以选择不同驾驶模式来得到不同的制动质感。

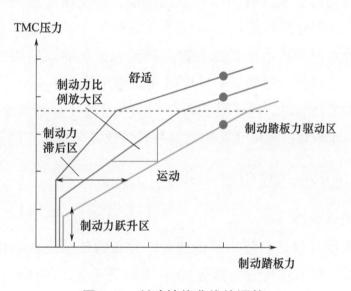

图 5-7 制动性能曲线的调整

2. 实现制动能量回收

电子助力器带制动泵总成与新能源汽车电机制动联合实现再生制动，降低能耗，增加续驶里程。新能源汽车的整车电机在制动过程中会产生制动转矩，将在制动过程中产生的动能转化为电能，给蓄电池充电，实现能量回收。博世公司推出的协调再生制动系统（电子助力器带制动泵总成和 ESP hev 产品组合）具有较高的协调能力，可以实现减速值最高达 0.3g 的完全制动能量回收，在电机能力满足制动需求时实现接近 100% 的制动能量回收。当电机能力无法满足制动需求时，该系统可以进行液压制动补偿，避免减速度波动，保持良好的驾驶感受。与传统的再生制动系统相比，协调再生制动系统能进一步增加新能源汽车的续驶里程，减少混合动力汽车的燃料消耗和二氧化碳排放。

3. 自动驾驶的关键执行器

电子助力器带制动泵总成可实现主动制动，支持 ADAS 及自动驾驶，包括 AEB、ACC、电子控制制动辅助（EBA）、陡坡缓降、坡道起步辅助、全自动泊车等功能。利用电机，电子助力器带制动泵总成可以在驾驶员不踩制动踏板的情况下，独立主动建压。相比较典型的 ESC 系统，电子助力器带制动泵总成具有高动态建压性能，建压速度更快，可满足高达 $25cm^3/s$ 的制动液流量要求。这一优势显著地提高了自动紧急制动系统的性能，在紧急情况下，电子助力器带制动泵总成能够以更快的速度自主建压，显著缩短自动紧急制动下的反应时间并缩短制动距离。

除上述主要功能外，电子助力器带制动泵总成控制单元支持 CAN 总线功能，可与其他车载控制单元互相通信并具备故障自诊断功能。

5.3.6 EHB 控制系统组成

1. 制动踏板单元

制动踏板单元包括踏板感觉传感器、踏板力传感器或踏板行程传感器以及制动踏板。踏板感觉传感器是 EHB 系统的重要组成部分，为驾驶员提供与传统制动系统相似的踏板感觉（踏板反力和踏板行程），使其能够按照自己的习惯和经验进行制动操作。踏板传感器用于监测驾驶员的操纵意图，一般采用踏板行程传感器，采用踏板力传感器的较少，也有二者同时应用的情况，以提供冗余传感器且可用于故障诊断。

2. EHB 控制模块

EHB 控制模块的组成结构如图 5-8 所示，主要由 3 部分功能组件组成：

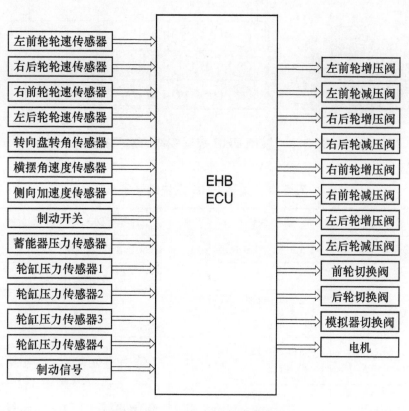

图 5-8 EHB 系统控制模块

（1）输入通道 输入通道包括踏板行程传感器、轮速传感器、压力传感器、转向盘转角传感器、横摆角速度传感器、侧向加速度传感器信号处理模块等，通过 XPC 系统将传感器信号采集到 ECU，ECU 经分析判断输出控制信号。

（2）输出通道 输出通道包括踏板感觉传感器上的电磁阀驱动模块、制动钳液压通路上的电磁阀驱动模块、故障容错通路上的电磁阀驱动模块以及液压泵电机驱动模块等。

（3）电子控制单元（ECU） ECU 是 EHB 控制系统的核心部分，其主要功能是完成对传感器信号的采集、处理，对各种数据进行逻辑分析，识别驾驶员制动意图，计算出车轮的参考速度、参考滑移率和车轮的加减速度，并通过相应的控制算法得出结论，做出正确的判断，最后发出控制信号给执行机构，实现 EHB 系统的制动功能。

图 5-9 所示为某型 EHB 控制模块的端子布置，端子定义见表 5-1。

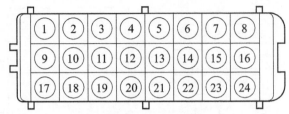

图 5-9 某型 EHB 控制模块的端子布置

表 5-1 某型 EHB 模块端子定义

针脚	针脚定义	线径线长	针脚	针脚定义	线径线长
1	DC+/ 电源正极	1.5m² 线，1m 长度	13	DC-（信号负极）	—
2	—	—	14	DC-（信号负极）	—
3	VCU_ING	0.3m² 信号线，1m 长度，黄色线	15		
4	5V_SENSOR（+5V）	0.3m² 信号线，1m 长度，红色线	16	DC-/ 电源负极	1.5m² 线，1m 长度
5	CAN_H	0.3m² 信号线，1m 长度，白色线	17	DC+/ 电源正极	1.5m² 线，1m 长度
6	CAN_L	0.3m² 信号线，1m 长度，棕色线	18		
7		—	19	ACC1	0.3m² 信号线，1m 长度，蓝色线
8	DC-/ 电源负极	1.5m² 线，1m 长度	20	ACC2	0.3m² 信号线，1m 长度，绿色线
9	DC+/ 电源正极	1.5m² 线，1m 长度	21	ACC3	—
10	—	—	22	ACC4	—
11	DC-（信号负极）	0.3m² 信号线，1m 长度，黑色线	23		
12	DC-（信号负极）	—	24	DC-/ 电源负极	1.5m² 线，1m 长度

3. 传感器

EHB 系统传感器包括轮速传感器、压力传感器和温度传感器等，用于监测车轮运动状态、轮缸压力的反馈控制以及不同温度范围的修正控制等。

4. 整车控制器

整车控制器（Vehicle Control Unit，VCU）作为新能源汽车的中央控制单元，是整个控制系统的核心。VCU 采集电机及电池状态、加速踏板信号、制动踏板信号及其他执行器、传感器、控制器信号，根据驾驶员的驾驶意图综合分析并做出相应判定后，监控下层各部件控制器的动作。VCU 负责汽车的正常行驶、制动能量回馈、整车发动机及动力电池的能量管理、网络管理、故障诊断及处理、车辆状态监控等，从而保证整车在较好的动力性、较高的经济性及可靠性状态下正常稳定地工作。

5.3.7　线控制动系统的通信原理

线控制动系统的通信主要包括 VCU 向 EHB 控制模块发送的制动指令，以及 EHB 控制模块向 VCU 发送的制动行程、制动压力、轮速等相关信息，如图 5-10 所示。以某型号线控底盘制动系统 MCU 为例，其通信主要存在于 VCU 与 EHB 控制模块电子制动系统（EBS）之间，通过 CAN 通信，速率为 500kbit/s。报文采用 Motorola 格式，帧格式为标准帧，协议详细说明见表 5-2。

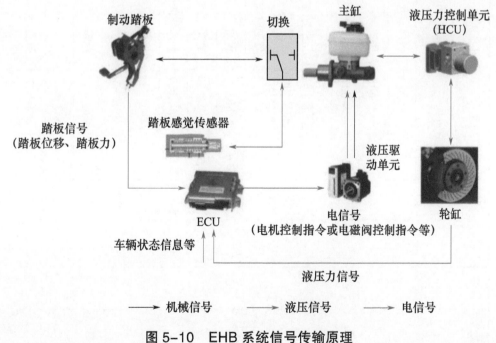

图 5-10　EHB 系统信号传输原理

表 5-2 EHB 模块 EBS 通信协议

发送	接收	ID	周期	字节		定义	格式
VCU	EBS	0x364	20ms	Byte0		制动压力泵行程值	压力行程请求，最大行程点 125，最小行程点为 0，单位为个（当前将行程分成 125 个点）
				Byte1	bit0	制动泵起动信号	0=EBS 未起动；1=EBS 使能
					bit1~bit3	保留	—
					bit4~bit7	EBS 工作模式请求	3= 就绪；7=Run
				Byte2		保留	—
				Byte3	bit0、bit1	保留	—
					bit2	驾驶模式	0= 人工（包括遥控器模式）；1= 自动
					bit3	保留	—
					bit4、bit5	VCU 工作状态信号	0= 未初始化，1= 可靠的，2= 降级；3= 故障
					bit6、bit7	钥匙使能信号	0=off；1=acc；2=on；3=crank
				Byte4		保留	—
				Byte5		保留	—
				Byte6		保留	—
				Byte7	bit0~bit3	生命信号	—
					bit4~bit7	保留	—

名称	来源	ID	周期	Byte	bit	信号名称	说明
EBS	VCU/MCU	0x289	10ms	Byte0			制动踏板制动行程有效值范围：0~100（表示0%~100%）
				Byte1	bit0、bit1	保留	—
					bit2	制动灯信号	0=无效；1=有效
					bit3	保留	—
					bit4~bit6	工作状态	1=初始化；2=备用；3=就绪；6=Run；7=失效；8=关闭
					bit7	EBS工作状态	0=制动未触发；1=制动器触发（控制器制动断电）
				Byte2		制动压力	EBS建立的主缸压力 0x00~0xFF，精度 1bar（1bar=10^{5}Pa），物理值范围 0~255bar
				Byte3	bit0、bit1	保留	—
					bit2	外部制动请求响应状态	0=踏板；1=CAN
					bit3	保留	—
					bit4	驾驶员干预信号	0=闲置；1=有效
					bit5	仪表警告灯	0=闲置；1=有效
					bit6	制动踏板是否被踩下	0=闲置；1=有效
					bit7	制动踏板是否被有效踩下	0=闲置；1=有效
				Byte4	bit0、bit1	故障等级	00=无故障；01=一级故障（报警措施）；10=二级故障（限制车速20km/h，回去返修）
					bit2~bit7	保留	—
				Byte5		保留	—
				Byte6		保留	0x00=无故障；0x01=未接收到制动请求；0x02=制动主缸电机过电流；0x03=压力传感器错误；0x20=制动主缸电机故障；0x40=电机驱动器故障；0x50=角度传感器故障；0x60=控制器硬件故障；0x07=控制器欠电压故障
				Byte7	bit0~bit3	生命信号	—
					bit4~bit7	保留	—

举例说明，使用相关设备连接 CAN 总线，应该能采集到协议中所有相应 ID 的报文。如果向 CAN 总线发送一条命令使制动系统动作，则可以发送 ID 为 0x364 的报文，通过第一个字节 Byte0 的值可调节制动行程在 0~125mm 之间。

资讯小结

5.4 任务准备

1. 任务计划

（1）工具设备介绍

子任务模块	设备工具	功能备注
任务 1 电子助力器带制动泵总成拆装	绝缘工具箱 高压防护用具 警示标识牌 翼子板防护垫	绝缘工具箱用于完成线控动系统各部件的拆卸与安装 高压防护用具用于保护操作人员操作过程中的人身安全 警示标识牌用于安全警示，提示作业状态 翼子板防护垫用于操作过程中保护车辆
任务 2 线控制动系统 CAN 总线信号分析	绝缘工具箱 数字式万用表 数字示波器 CAN 总线分析仪 计算机及上位机软件 探针及线束	绝缘工具箱用于完成线控动系统各部件的拆卸与安装 数字式万用表用于测量 CAN 总线电压值 数字示波器用于测量 CAN 总线波形 CAN 总线分析仪用于采集 CAN 总线上的数据并进行读取分析 探针及线束用于测量过程中的连接

（续）

子任务模块	设备工具	功能备注
任务 3 线控制动系统控制测试	绝缘工具箱 数字式万用表 数字示波器 CAN 总线分析仪 计算机及上位机软件 探针及线束	绝缘工具箱用于完成线控制动系统各部件的拆卸与安装 数字式万用表用于测量 CAN 总线电压值 数字示波器用于测量 CAN 总线波形 CAN 总线分析仪用于采集 CAN 总线上的数据并进行读取分析 探针及线束用于测量过程中的连接

（2）实操预演

1）通过链接，熟悉任务流程。

2）通过链接，观看制动泵总成的拆装。

3）通过链接，观看线控制动系统 CAN 总线信号分析。

4）通过链接，观看线控制动系统控制测试。

5）通过链接，观看制动响应测试方法。

线控制动部件的装配

2. 任务决策

通过对"实操预演"环节的视频学习，并经过分析与讨论后，列出完整的操作步骤。

步骤	任务 1 电子助力器带制动泵总成拆装	任务 2 线控制动系统 CAN 总线信号分析	任务 3 线控制动系统控制测试
1			
2			
3			
4			
5			
6			
7			
8			
9			

5.5 任务实施

5.5.1 电子助力器带制动泵总成拆装

1. 前期准备

（1）安装前检查　准备好数字示波器、测量线束、信号发生器、信号发生器线束等设备，并进行外观检查。

（2）拆装工具检查

1）防护工具箱外观结构完好。

2）世达工具 150 件套完整齐全。

根据实际情况在"□"位置上打"√"				
绝缘手套外观是否完好	是 □　否 □	安全帽生产日期是否符合要求	是 □　否 □
设备线束插头是否完好	是 □　否 □	工具使用功能是否正常	是 □　否 □
线束绝缘外层有无损坏	有 □　无 □	工具是否齐全	是 □　否 □

2. 实操演练

实施步骤	标准 / 图示	操作要点
断开车辆低压蓄电池负极连接	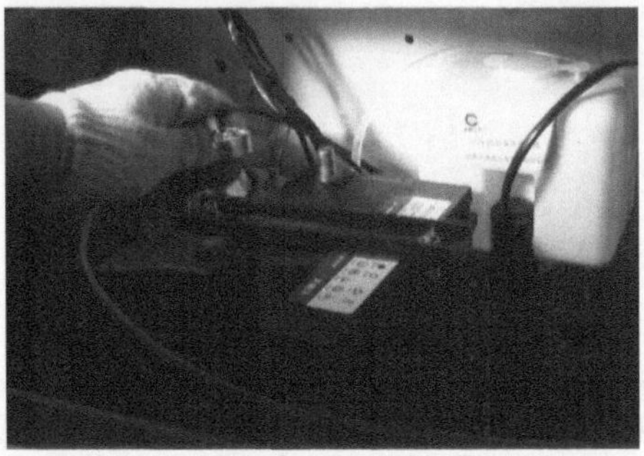	断开蓄电池前确认点火开关是否关闭
断开线束插头	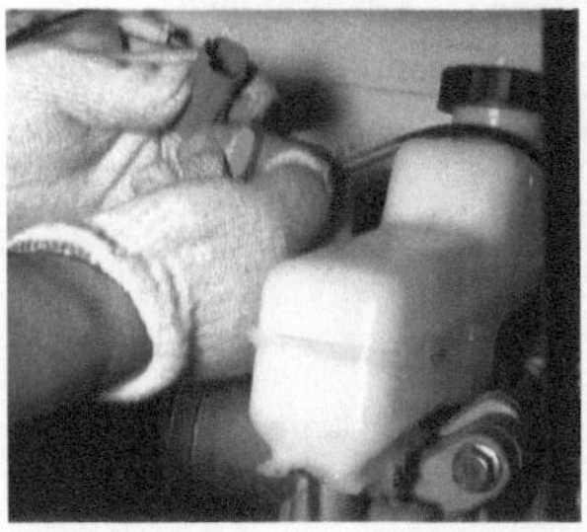 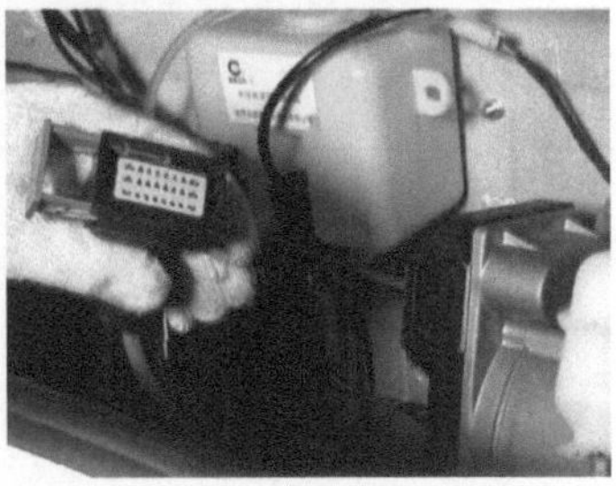	拔下电子助力器带制动泵总成上的电机插头和控制单元插头

（续）

实施步骤	标准 / 图示	操作要点
排出储液罐制动液	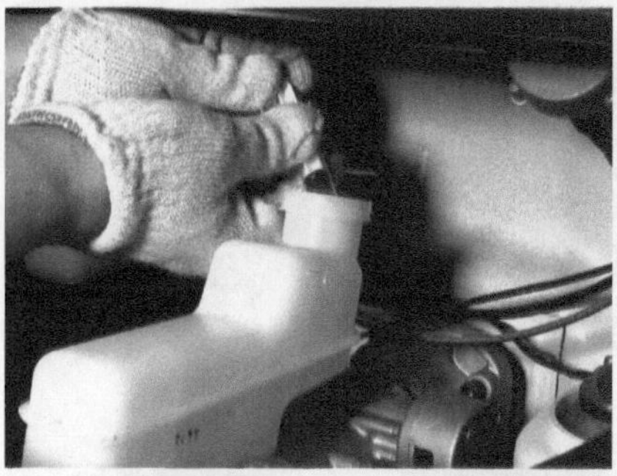	用注射器或大滴管将储液罐中的制动液吸出，直到储液罐中几乎无残留制动液
回收传感器制动液		拆卸制动压力传感器处的制动管路，回收流出的制动液
回收管路制动液	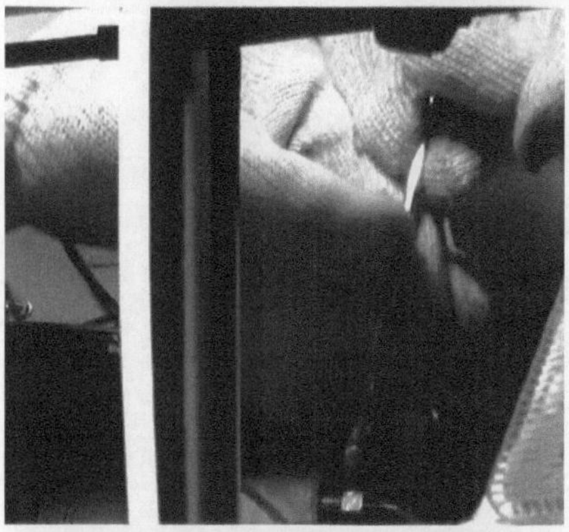	使用呆扳手依次拆卸制动总泵上的两根制动管路接头（注意使用吸油纸或无纺布吸收漏出的制动液）
拆卸制动踏板线束	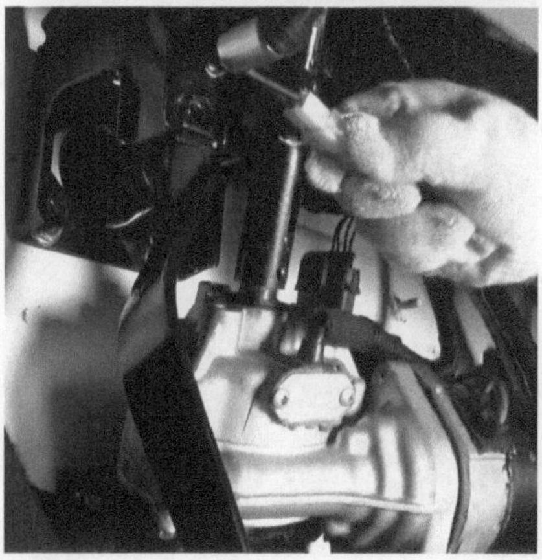	断开制动踏板开关插头

（续）

实施步骤	标准／图示	操作要点
拆下锁销	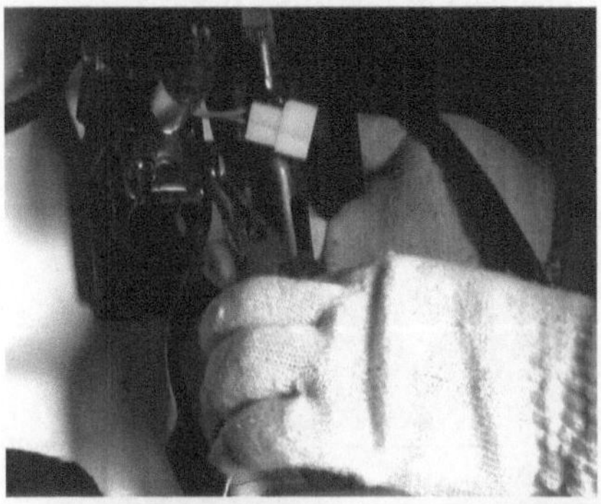	用尖嘴钳取下制动踏板与电子助力器带制动泵总成连接销的锁止装置，取下连接销使二者分离
拆卸固定螺栓	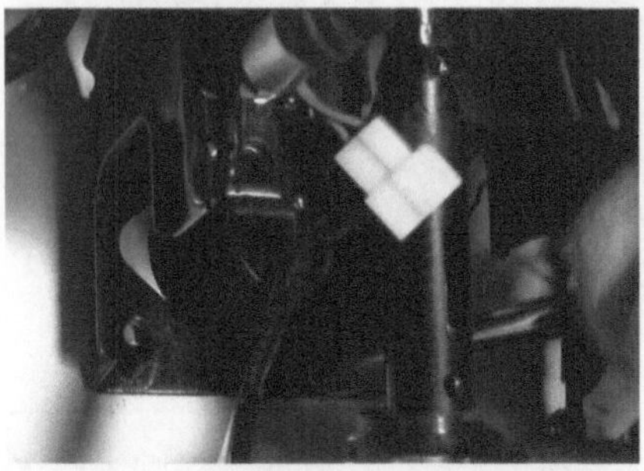	拆卸制动踏板与电子助力器带制动泵总成的 4 颗固定螺栓
取下电子助力器带制动泵总成	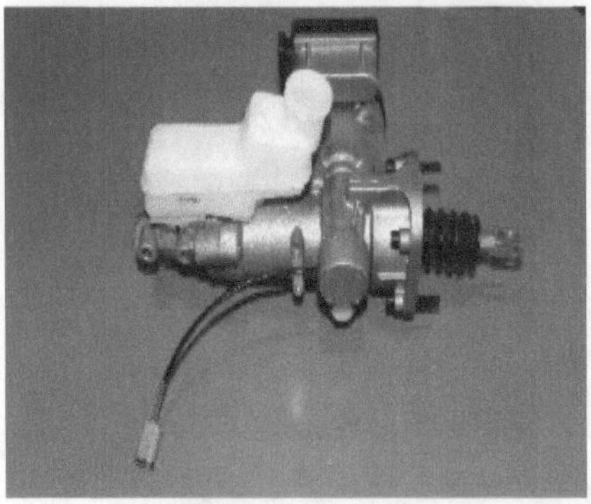	注意储液罐加注口向上
安装制动泵与制动踏板总成	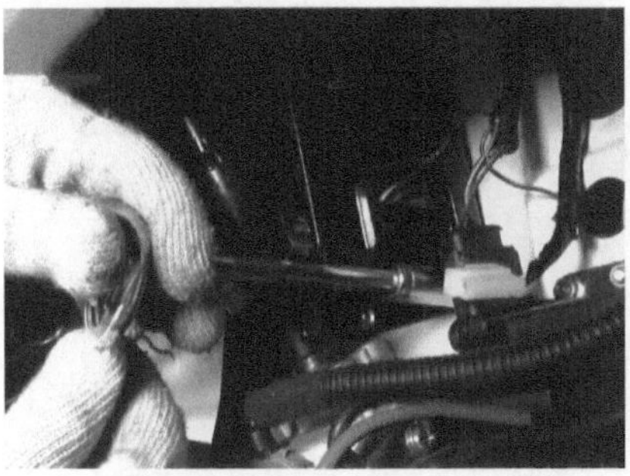	用固定螺栓将电子助力器带制动泵总成与制动踏板总成固定到车架安装位置，螺栓拧紧力矩为 30N·m

5.5.2　线控制动系统 CAN 总线信号分析

1. 前期准备

（1）安装前检查　准备好数字示波器、测量线束、信号发生器、信号发生器线束等设备，并进行外观检查。

（2）数字示波器检查

1）外观结构完整，屏幕显示正常。

2）工具齐全，使用功能是否正常。

根据实际情况在"□"位置上打"√"			
外观有无破损	有 □　无 □	表笔测量头有无磨损	有 □　无 □
屏幕有无坏点	有 □　无 □	工具使用功能是否正常	是 □　否 □
线束绝缘外层有无损坏	有 □　无 □	工具是否齐全	是 □　否 □

（3）CAN 总线分析仪检查

根据实际情况在"□"位置上打"√"			
终端电阻检查是否正常	是 □　否 □	外观是否正常	是 □　否 □
指示灯是否正常	是 □　否 □	发送测试是否正常	是 □　否 □
接收测试是否正常	是 □　否 □	线束是否齐全	是 □　否 □

2. 实操演练

项目	实施步骤	标准 / 图示	操作要点
电压分析	打开电源（点火开关）		将线控底盘实训台架的点火开关置于 ON 档

（续）

项目	实施步骤	标准 / 图示	操作要点
电压分析	查阅资料	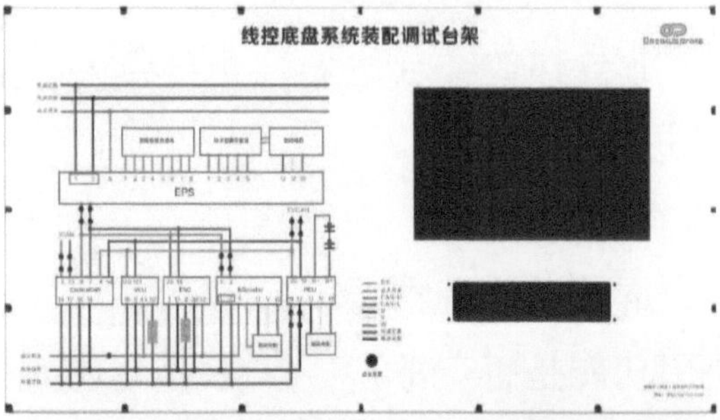	查阅电路图中 EBS 针脚定义，找到 CAN-H 线与 CAN-L 线
	连接测量线束	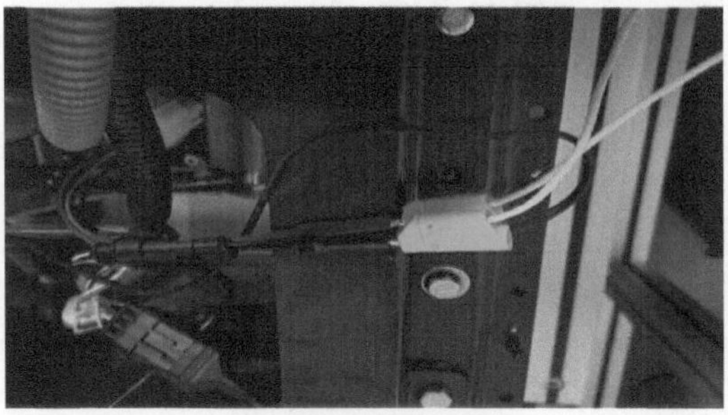	在相应线束插入无损探针，CAN-H 线采用红色探针，CAN-L 线采用黑色探针，便于在检测时识别
	校表		校表，将万用表置于电阻档，短接红表笔和黑表笔，万用表示数接近 0Ω
	测量		测量 CAN-H 线与 CAN-L 线对地电压，电压表示数稳定后读取电压值。正常状态下，CAN-H 线电压略高于 2.5V，CAN-L 线电压略低于 2.5V

（续）

项目	实施步骤	标准／图示	操作要点
CAN 总线波形检测	打开点火开关		将线控底盘实训台架的点火开关置于 ON 档
	测量线束连接	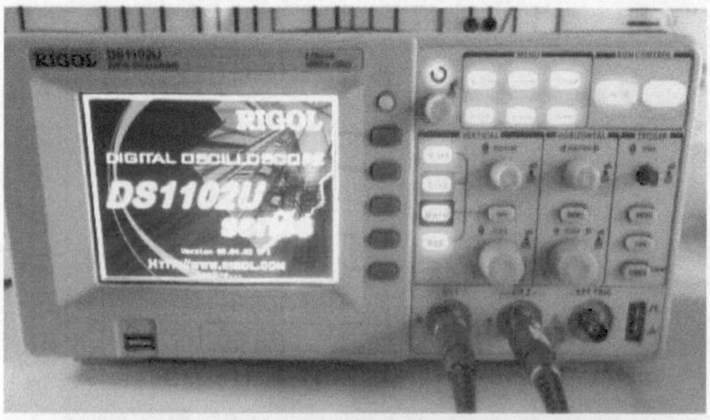 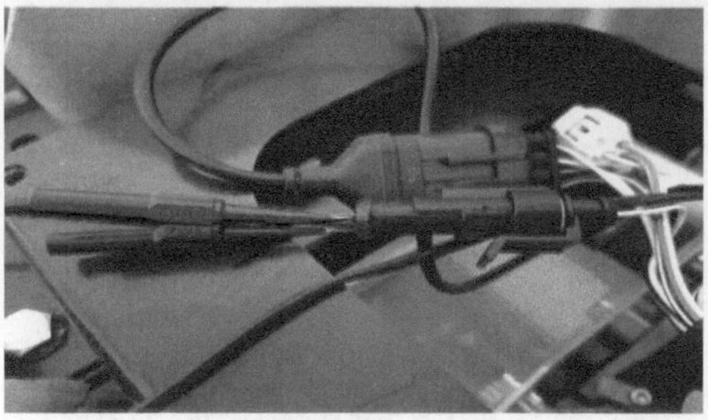	使用示波器通道 1（CH1）和通道 2（CH2），检测线连接示波器通道接口，CH1 测量端连接 CAN-H 线，搭铁线连接车身搭铁点；CH2 测量端连接 CAN-L 线，搭铁线连接车身搭铁点
	波形测量	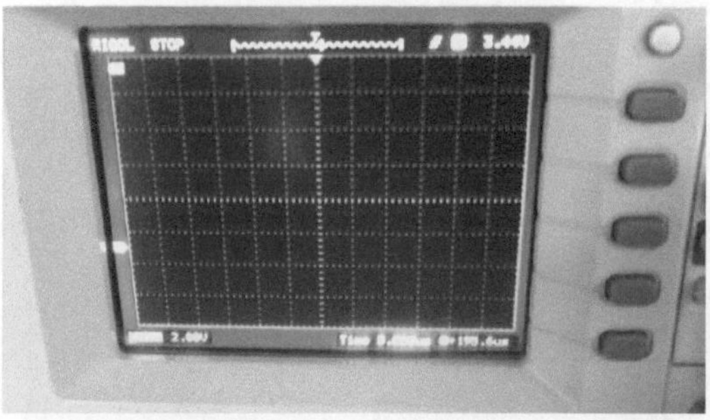	打开示波器开关，选择显示 CH1 与 CH2，调节幅值按键，设定为 2V/Div，调节周期按键，设定为 0.05ms/Div，双通道采集 CAN 总线波形

（续）

项目	实施步骤	标准 / 图示	操作要点
CAN 总线数据读取	连接 CAN 总线分析仪线束	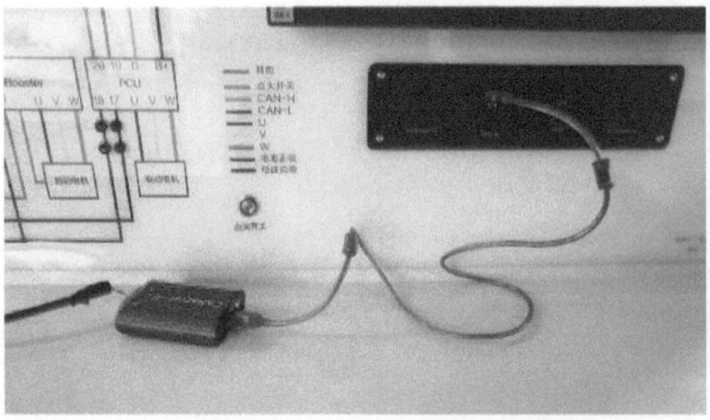	将 CAN 总线分析仪连接好，通过 USB 方口数据线连接计算机
	连接测量线束	 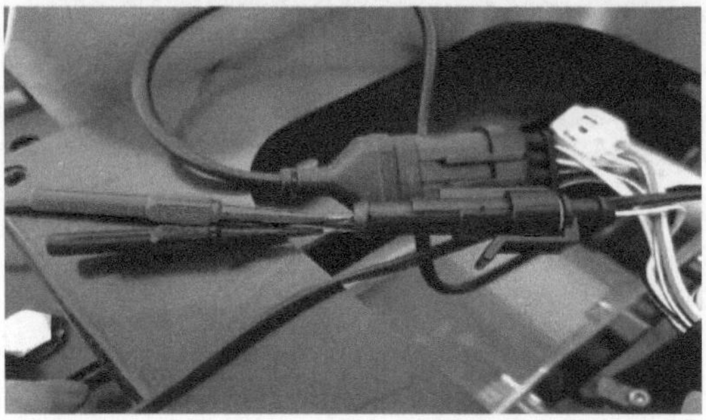 CAN-H CAN-L	将 CAN 总线分析仪测量端口连接 CAN 总线预留接口或使用无损探针连接电机控制器 CAN 线，红色测量线连接 CAN-H 线，黑色测量线连接 CAN-L 线
	打开上位机软件	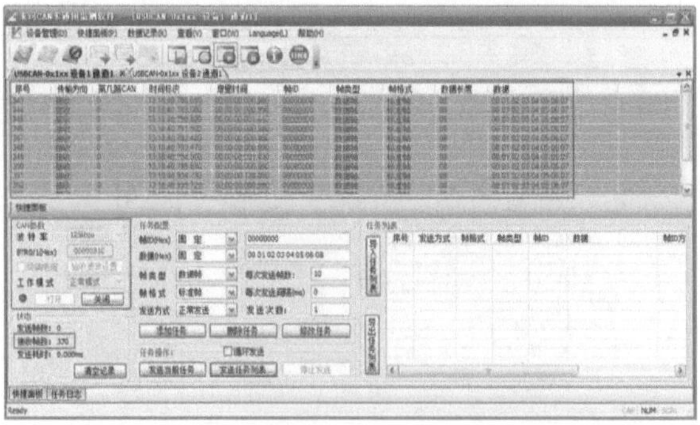	打开 CANtest 上位机软件，设置比特率为 500kbit/s，启用通道 0，读取 CAN 总线上的数据

（续）

项目	实施步骤	标准 / 图示	操作要点
CAN 总线数据读取	读取报文数据	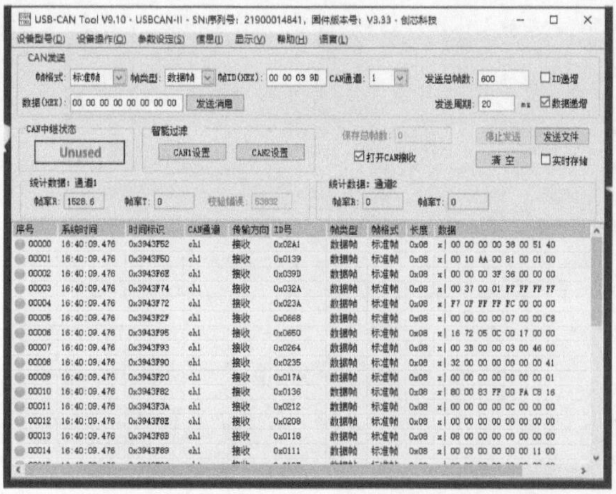	读取 CAN 总线上的数据，将数据格式调整为十六进制，找到 ID 为 0x364 与 0x289 的 2 种报文，并且显示发送与接收正常，说明 VCU 与 EHB 控制单元 EBS 之间通信正常

5.5.3　线控制动系统控制测试

1. 前期准备

（1）安装前检查　准备好安装有上位机软件的计算机、CAN 总线分析仪、线束并检查外观的完整性。

（2）使用前测试

根据实际情况在"□"位置上打"√"			
终端电阻检查是否正常	是 □　否 □	外观是否正常	是 □　否 □
指示灯是否正常	是 □　否 □	发送测试是否正常	是 □　否 □
接收测试是否正常	是 □　否 □	线束是否齐全	是 □　否 □

2. 实操演练

项目	实施步骤	标准 / 图示	操作要点
线控制动系统通信测试	断开整车控制器插接器		断开时先检查整车是否处于断电状态

（续）

项目	实施步骤	标准 / 图示	操作要点
线控制动系统通信测试	打开点火开关		将线控底盘实训台架的点火开关置于 ON 档
	连接分析仪线束	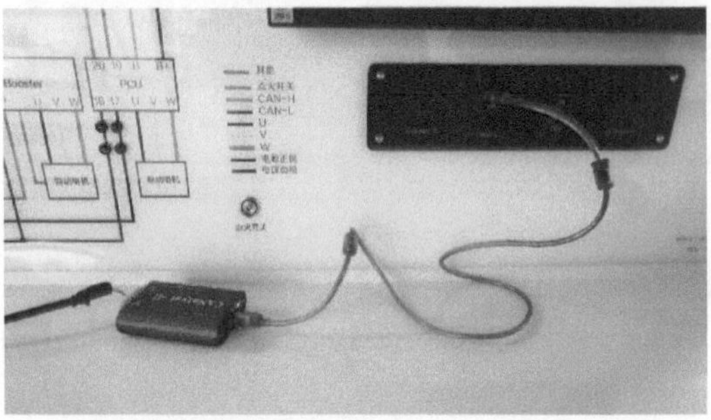	将 CAN 总线分析仪连接好，通过 USB 方口数据线连接计算机
	连接测量线束	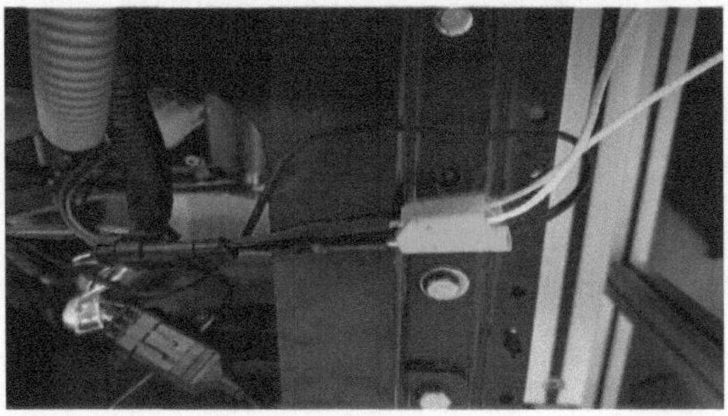	在相应线束插入无损探针，CAN-H 线采用红色探针，CAN-L 线采用黑色探针，便于在检测时识别
	打开上位机软件		连接 CAN 总线分析仪与计算机，打开 CANtest 上位机软件

（续）

项目	实施步骤	标准／图示	操作要点
线控制动系统通信测试	发送数据报文	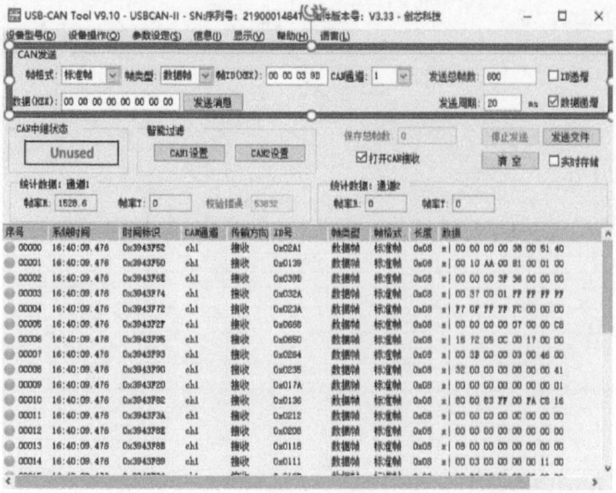	组包 CAN 制动报文（0x364）并下发，解析反馈报文（0x289），同时可以观察线控底盘上压力泵的工作状态
制动压力响应测试	读取制动压力报文		读取制动压力传感器反馈的报文信息，报文 ID：_____
	测量压力波形	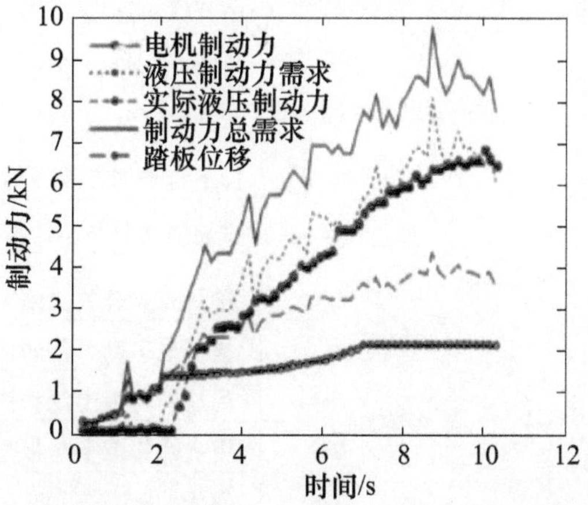	用示波器连接压力传感器输出端，记录未制动时当前传感器电压值　设置一个压力行程点（比如设置行程点100），观察电压波形变化趋势

（续）

项目	实施步骤	标准 / 图示	操作要点
制动压力响应测试	制动曲线绘制	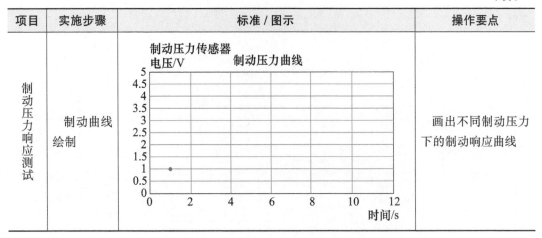	画出不同制动压力下的制动响应曲线

5.6　任务评价与小结

1. 任务评价

见附录 J、K、L。

2. 任务小结

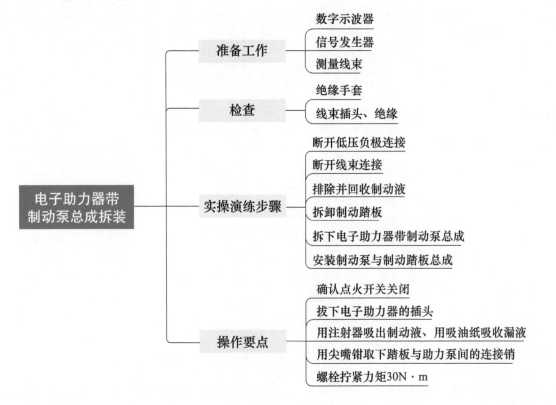

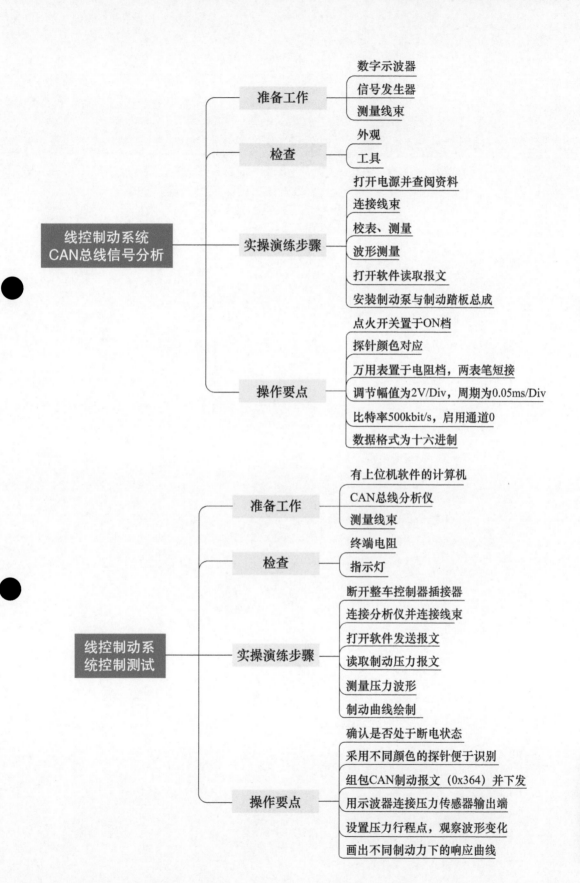

附录
评价标准

附录 A　数字示波器的使用评分标准

学生姓名：＿＿＿＿＿＿＿　　　学生学号：＿＿＿＿＿＿＿　　　操作用时：＿＿＿＿＿＿＿ min

序号	作业内容	配分	作业项目	分值	扣分	备注
1	前期准备	20	☐ 规范着装入场（着装整洁、穿工作鞋、不戴首饰、挽起长发等）	4		如不符合标准，则由现场考评员（裁判）提醒并扣分
			检查工具仪器是否齐全、外观是否完整 ☐ 数字示波器 ☐ 测量线束 ☐ 信号发生器 ☐ 信号发生器线束	4		如不齐全或不满足使用要求，则由考生报告现场考评员补齐或更换，仍需检查
			检查数字示波器 ☐ 外观有无破损 ☐ 屏幕有无坏点 ☐ 表笔测量头有无磨损 ☐ 线束绝缘外层有无损坏 ☐ 工具使用功能是否正常 ☐ 工具是否齐全	6		
			检查信号发生器 ☐ 外观有无破损 ☐ 屏幕有无坏点 ☐ 线束绝缘外层有无损坏 ☐ 表笔测量头有无磨损 ☐ 工具使用功能是否正常 ☐ 工具是否齐全	6		

（续）

序号	作业内容	配分	作业项目	分值	扣分	备注
2	检查确认检测前状态	10	☐ 检查确认 220V 电源已安全断开	5		如未操作，则由现场考评员提醒并扣除对应项目分值
			☐ 检查确认所有仪器处于关闭状态	5		
3	实操演练	50	☐ 正确连接信号发生器电源，正确打开信号发生器电源开关	5		如未操作，则由现场考评员提醒并扣除对应项目分值
			☐ 正确连接示波器电源，正确打开示波器电源开关	5		
			☐ 正确连接信号发生器输出线束，调整输出信号为方波信号	5		
			☐ 正确连接示波器测量线束，确认测量线束衰减为 1×，表笔衰减增益调节按钮（测量波形时可以根据波形调节补偿增益）	10		
			☐ 正确将鳄鱼夹与测量头分别连接至 1kHz 标准输出方波的两端，观察波形与周期幅值是否标准	10		
			☐ 测量线束测量头与鳄鱼夹分别连接示波器输出线束的两端，选择通道，观察采集到的波形，对横向时基与纵向幅值标度进行调整，观察波形变化	10		
			☐ 正确采用截屏和示波器带有的存储功能对波形进行保存	5		
4	断开电源、拆卸连接	10	☐ 关闭、整理工具仪器	10		如未操作，则由现场考评员提醒并扣除对应项目分值
5	恢复场地	10	☐ 整理恢复场地，做好 6S 管理（整理、整顿、清扫、清洁、素养、安全）	10		如未操作，则每项扣 2 分，最多扣 10 分
			合　计	100		

考核成绩：＿＿＿＿＿＿＿＿　　教师签字：＿＿＿＿＿＿＿＿

附录 B CAN 总线分析仪的使用评分标准

学生姓名：_____　　　　学生学号：_____　　　　操作用时：_____ min

序号	作业内容	配分	作业项目	分值	扣分	备注
1	安全准备	20	☐ 规范着装入场（着装整洁、穿工作鞋、不戴首饰、挽起长发等）	5		如不符合标准，则由现场考评员（裁判）提醒并扣分
			检查设备仪器是否齐全 ☐ 安装有上位机软件的计算机 ☐ CAN 总线分析仪 ☐ 线束	9		如不齐全或不满足使用要求，则由考生报告现场考评员补齐或更换，仍需检查
			检测设备仪器外观是否完整 ☐ 计算机 ☐ CAN 总线分析仪	6		
2	检查确认检测前状态	10	☐ 检查确认 220V 电源已安全断开	5		如未操作，则由现场考评员提醒并扣除对应项目分值
			☐ 检查确认计算机平台处于关闭状态	5		
3	实操演练	60	☐ 是否正确进行使用前测试 ☐ 是否正确连接 CAN 总线分析仪线束 ☐ 是否正确安装驱动 ☐ 是否正确使用数据转发功能 ☐ 是否正确使用智能多段滤波功能 ☐ 是否正确使用总线监听模式功能	60		如未操作，则由现场考评员提醒并扣除对应项目分值
4	恢复场地	10	☐ 整理恢复场地，做好 6S 管理（整理、整顿、清扫、清洁、素养、安全）	10		如未操作，则每项扣 2 分，最多扣 10 分
	合　计			100		

考核成绩：_____　　　　教师签字：_____

附录 C 智能网联汽车底盘线控系统的认知评分标准

学生姓名：_____   学生学号：_____   操作用时：_____ min

序号	作业内容	配分	作业项目	分值	扣分	备注
1	安全准备	12	□ 规范着装入场（着装整洁、穿工作鞋、不戴首饰、挽起长发等）	3		如不符合标准，则由现场考评员（裁判）提醒并扣分
			□ 正确设置安全围挡，放置安全警示牌	3		如未操作，则每项扣1分，最多扣2分
			检查工具仪器是否齐全 □ 教学车辆 □ 标签纸 □ 白板、白板笔	3		如不齐全或不满足使用要求，则由考生报告现场考评员补齐或更换，仍需检查
			检测设备是否齐全 □ 适配电源 □ 智能网联教学车 □ 笔记本计算机	3		
2	检查确认检测前状态	3	□ 检查确认 220V 电源已安全断开	2		如未操作，则由现场考评员提醒并扣除对应项目分值
			□ 检查确认计算机平台处于关闭状态	1		
3	设备认知	80	线控驱动系统的认知 □ 加速踏板及加速踏板位置传感器 □ 整车控制器 □ 电机控制器 □ 驱动电机 □ 半轴、差速器、减速器	20		如未操作，则由现场考评员提醒并扣除对应项目分值
			线控转向系统认知 □ 线控转向系统控制单元 □ 转向电机 □ 转向角度传感器 □ 转向轴 □ 转向传动轴 □ 转向器	24		

（续）

序号	作业内容	配分	作业项目	分值	扣分	备注
3	设备认知	80	线控制动系统的认知 □ 整车控制器 □ 线控制动系统控制单元 □ 制动主缸及 Nbooster 控制单元 □ 制动电机 □ 制动踏板 □ 制动主缸 □ 制动卡钳 □ 制动块 □ 制动盘	36		如未操作，则由现场考评员提醒并扣除对应项目分值
4	恢复场地	5	□ 整理恢复场地，做好6S管理（整理、整顿、清扫、清洁、素养、安全）	5		如未操作，则每项扣2分，最多扣10分
			合　计	100		

考核成绩：_____　教师签字：_____

附录 D 智能网联汽车线控驱动系统的拆装评分标准

考生姓名：_____   考生准考证号：_____   比赛用时：_____ min

序号	作业内容	配分	作业项目	分值	扣分	备注
1	安全准备	13	□ 规范着装入场（着装整洁、穿工作鞋、不戴首饰、挽起长发等）	2		如不符合标准，则由现场考评员（裁判）提醒并扣2分
			□ 正确设置安全围挡，放置安全警示牌	2		如未操作，则每项扣1分，最多扣2分
			检查工具仪器是否齐全 □ 世达工具150件套 □ 内六角扳手	3		如不齐全或不满足使用要求，则由考生报告现场考评员补齐或更换，仍需检查
			检查零部件是否齐全 □ 驱动电机	4		
			□ 检查确认台架是否稳定（锁止台架万向轮）	2		
2	安装驱动电机	11	□ 对接安装到孔位	3		如未操作，则由现场考评员提醒并扣除对应项目分值
			□ 安装固定螺栓，拧紧力矩25N·m	3		
			□ 安装线束，拧紧力矩15N·m	3		
			□ 安装电压安全保护壳	2		
3	安装电机控制器	19	检查驱动控制单元外观及针脚 □ 驱动电机 □ 加速踏板 □ 供电电源 □ CAN 通信	5		工具或螺栓落地一次扣1分，驱动控制单元落地一次扣5分，最多扣10分
			□ 检查电机控制单元螺栓和螺孔	4		
			□ 正确安装电机控制单元	1		
			□ 紧固电机控制单元螺栓	1		
			正确连接每个插接件并检查牢靠性 □ 驱动电机 □ 加速踏板 □ 供电电源 □ CAN 通信	6		如未操作，则每项扣2分，最多扣10分
			□ 用手拧上4颗螺栓	1		
			□ 用扳手拧紧螺栓	1		

141

（续）

序号	作业内容	配分	作业项目	分值	扣分	备注
4	安装整车控制器	18	☐ 检查整车控制器外观和两端插头针脚	2		如未操作，则由现场考评员提醒并扣除对应项目分值
			☐ 选用 10mm 扳手拧紧整车控制器固定螺栓	6		
			☐ 正确连接整车控制器插头	6		
			☐ 正确连接台架 220V 电源	2		
			☐ 正确连接低压 12V 蓄电池负极端子	2		
5	安装加速踏板	6	☐ 用手带上 2 颗加速踏板螺栓	2		
			☐ 使用 10mm 呆扳手拧紧螺栓	2		
			☐ 连接加速踏板插头	2		
6	整车检查	18	☐ 检查所有线束是否连接完毕	10		如未操作，则每项扣 2 分
			☐ 打开点火开关	4		工具或螺栓落地一次扣 1 分，驱动控制单元落地一次扣 5 分，最多扣 10 分
			☐ 验证车辆驱动系统是否能够正常工作	4		
7	恢复场地	15	☐ 整理恢复场地，做好 6S 管理（整理、整顿、清扫、清洁、素养、安全）	15		如未操作，则每项扣 2 分，最多扣 10 分
合　计				100		

备注：工具使用的正确优先顺序为套筒→梅花扳手→呆扳手→活扳手。

考核成绩：＿＿＿＿＿＿＿　　裁判签字：＿＿＿＿＿＿＿

附录 E 线控驱动系统 CAN 总线的检测评分标准

考生姓名：_____ 考生准考证号：_____ 比赛用时：_____ min

序号	作业内容	配分	作业项目	分值	扣分	备注
1	安全准备	16	□ 规范着装入场（着装整洁、穿工作鞋、不戴首饰、挽起长发等）	2		如不符合标准，则由现场考评员（裁判）提醒并扣 2 分
			□ 正确设置安全围挡，放置安全警示牌	2		如未操作，则每项扣 1 分，最多扣 2 分
			检查工具仪器是否齐全 □ 拆装工具 □ 联机通信线 □ 示波器 □ CAN 总线分析仪	5		如不齐全或不满足使用要求，则由考生报告现场考评员补齐或更换，仍需检查
			检查零部件是否齐全 □ 驱动控制单元 □ 整车控制器	4		
			□ 检查确认台架是否稳定（锁止台架万向轮）	3		
2	数字示波器检查	9	□ 外观结构是否完整，屏幕显示是否正常	4		如不完整或不满足使用要求，则由考生报告现场考评员补齐或更换，仍需检查
			□ 工具使用功能是否正常 □ 外观有无破损□屏幕有无坏点 □ 线束绝缘外层有无损坏 □ 表笔测量头有无磨损	5		
3	打开电源	6	□ 打开台架 220V 电源	2		如未操作，则由现场考评员提醒并扣除对应项目分值
			□ 确认蓄电池电压	2		
			□ 车辆开关置于 ON 档	2		
4	测量驱动系统波形	24	□ 车辆开关置于 ON 档，找到线控驱动控制单元 CAN-H 线与 CAN-L 线针脚，通过背插插入探针	5		工具或螺栓落地一次扣 1 分，驱动控制单元落地一次扣 5 分，最多扣 10 分
			□ 示波器测量线连接探针和示波器通道 1、2	4		
			□ 调整示波器周期幅值采集动力系统 CAN 总线波形	5		
			□ 通过示波器数学运算功能得到差分电压	5		
			□ 截屏储存波形	5		如未操作，则每项扣 2 分，最多扣 10 分

（续）

序号	作业内容	配分	作业项目	分值	扣分	备注
5	CAN总线数据的读取	12	□ 将台架的点火开关置于ON档	3		如未操作，则由现场考评员提醒并扣除对应项目分值
			□ 将CAN总线分析仪连接好，通过USB方口数据线连接计算机	4		
			□ 打开上机位软件，读取CAN总线上的数据和报文	5		
6	断开车辆与台架电源	12	□ 断开台架220V电源	3		如未操作，则由现场考评员提醒并扣除对应项目分值
			□ 关闭车辆起停开关（置于OFF状态）	3		
			□ 断开低压12V蓄电池负极端子	3		
			□ 断开台架与车辆联机通信线	3		
7	拆卸驱动控制单元	11	拔下驱动控制单元所有插接件 □ 驱动电机 □ 转速传感器 □ 供电电源 □ CAN通信	4		如未操作，则由现场考评员提醒并扣除相应分值
			□ 拆下驱动控制单元	2		工具或螺栓落地一次扣1分，驱动控制单元落地一次扣5分，最多扣10分
			□ 将拆下的螺栓放至螺钉盒中	2		
			□ 将驱动控制单元平放在指定位置（工作台）	3		
8	恢复场地	10	□ 整理恢复场地，做好6S管理（整理、整顿、清扫、清洁、素养、安全）	10		如未操作，则每项扣2分，最多扣10分
	合　计			100		

备注：工具使用的正确优先顺序为套筒→梅花扳手→呆扳手→活扳手。

考核成绩：＿＿＿＿＿＿＿＿　　裁判签字：＿＿＿＿＿＿＿＿

附录 F 线控驱动系统的调试评分标准

考生姓名：_____　　　　考生准考证号：_____　　　　比赛用时：_____ min

序号	作业内容	配分	作业项目	分值	扣分	备注
1	安全准备	15	☐ 规范着装入场（着装整洁、穿工作鞋、不戴首饰、挽起长发等）	2		如不符合标准，则由现场考评员（裁判）提醒并扣2分
			☐ 正确设置安全围挡，放置安全警示牌	2		如未操作，每项扣1分，最多扣2分
			检查工具仪器是否齐全 ☐ 拆装工具 ☐ 联机通信线 ☐ 示波器 ☐ CAN 总线分析仪 ☐ 上机位软件	5		如不齐全或不满足使用要求，则由考生报告现场考评员补齐或更换，仍需检查
			检查零部件是否齐全 ☐ 驱动控制单元 ☐ 整车控制器	3		
			☐ 检查确认台架是否稳定（锁止台架万向轮）	3		
2	使用前测试	12	☐ 车辆开关置于 ON 档，找到线控驱动控制单元 CAN-H 线与 CAN-L 线针脚，通过背插插入探针	6		如未操作，则由现场考评员提醒并扣除对应项目分值
			☐ 运行 USB-CAN Tool 测试工具完成测试	6		
3	打开电源	6	☐ 打开台架 220V 电源	2		如未操作，则由现场考评员提醒并扣除对应项目分值
			☐ 确认蓄电池电压	2		
			☐ 车辆开关置于 ON 档	2		
4	联机调试	38	☐ 检查联机通信线外观和两端插头针脚	2		如未操作，则由现场考评员提醒并扣除对应项目分值
			☐ 将 CAN 总线分析仪连接好，通过 USB 方口数据线连接计算机	4		
			☐ 正确连接台架与车辆联机通信线	2		
			☐ 正确连接台架 220V 电源	2		
			☐ 正确连接低压 12V 蓄电池负极端子	2		

（续）

序号	作业内容	配分	作业项目	分值	扣分	备注
4	联机调试	38	☐ 打开车辆起停开关（处于 Ready 状态）	2		如联机失败考生未能自行解决，则报告考评员进行处理；因考生操作失误导致，扣除 15 分；因其他因素导致，不予扣分
			☐ 打开底盘线控系统上位机软件	2		
			☐ 检查确认联机通信正常	4		
			☐ 通过上位机软件将驱动模式设置为线控模式	4		
			☐ 通过上位机软件设置驱动电机使能模式和驱动电机转速百分比	4		
			☐ 通过上位机软件发送使能指令，确认是否正常	4		
			☐ 通过上位机软件发送转速指令，确认是否正常	4		
			☐ 关闭上位机软件，并关闭计算机	2		
5	断开车辆与台架电源	8	☐ 断开台架 220V 电源	2		如未操作，则由现场考评员提醒并扣除对应项目分值
			☐ 关闭车辆起停开关（置于 OFF 状态）	2		
			☐ 断开低压 12V 蓄电池负极端子	2		
			☐ 断开台架与车辆联机通信线	2		
6	拆卸驱动控制单元	11	拔下驱动控制单元所有插接件 ☐ 驱动电机 ☐ 转速传感器 ☐ 供电电源 ☐ CAN 通信	4		如未操作，则每项扣 2 分，最多扣 10 分
			☐ 拆下驱动控制单元	2		工具或螺栓落地一次扣 1 分，驱动控制单元落地一次扣 5 分，最多扣 10 分
			☐ 将拆下的螺栓放至螺钉盒中	2		
			☐ 将驱动控制单元平放在指定位置（工作台）	3		
7	恢复场地	10	☐ 整理恢复场地，做好 6S 管理（整理、整顿、清扫、清洁、素养、安全）	10		如未操作，则每项扣 2 分，最多扣 10 分
合　计				100		

备注：工具使用的正确优先顺序为套筒→梅花扳手→呆扳手→活扳手。

考核成绩：＿＿＿＿＿＿　　裁判签字：＿＿＿＿＿＿

附录 G　线控转向系统的安装评分标准

学生姓名：＿＿＿＿＿＿＿　　　学生学号：＿＿＿＿＿＿＿　　　操作用时：＿＿＿＿＿＿＿ min

序号	作业内容	配分	作业项目	分值	扣分	备注
1	前期准备	15	□ 规范着装入场（着装整洁、穿工作鞋、不戴首饰、挽起长发等）	10		如不符合标准，则由现场考评员（裁判）提醒并扣 2 分
			□ 耐磨手套、护目镜穿戴	4		如不符合标准，则由现场考评员（裁判）提醒并扣 2 分
			□ 有无立警示牌，拉起隔离带	1		如不符合标准，则由现场考评员（裁判）提醒并扣 1 分
2	实操步骤	70	□ 关闭试验台架的点火开关，断开车辆低压蓄电池负极连接	10		如未操作，则每项扣 10 分，最多扣 70 分
			□ 拔下电子助力器带制动泵总成上的电机插头和控制单元插头，用注射器或大滴管将储液罐中的制动液吸出	10		
			□ 拆卸制动压力传感器处的制动管路，回收流出的制动液，使用呆扳手依次拆卸制动主缸上的两根制动管路接头（注意：使用吸油纸或无纺布吸收漏出的制动液）	10		
			□ 断开制动踏板开关插头，拆卸制动踏板与电子助力器带制动泵总成的 4 颗固定螺栓	10		
			□ 取下电子助力器带制动泵总成，取下制动踏板总成	10		
			□ 用固定螺栓将电子助力器带制动泵总成与制动踏板总成固定到车架安装位置，螺栓拧紧力矩为 30N·m	10		
			□ 安装制动踏板	10		
3	恢复场地	15	□ 整理恢复场地，做好 6S 管理（整理、整顿、清扫、清洁、素养、安全）	15		如未操作，则每项扣 2 分，最多扣 15 分
			合　计	100		

考核成绩：＿＿＿＿＿＿＿　　　教师签字：＿＿＿＿＿＿＿

147

附录 H　线控转向系统 CAN 总线的检测评分标准

学生姓名：_____　　　学生学号：_____　　　操作用时：_____ min

序号	作业内容	配分	作业项目	分值	扣分	备注
1	安全准备	16	□ 规范着装入场（着装整洁、穿工作鞋、不戴首饰、挽起长发等）	2		如不符合标准，则由现场考评员（裁判）提醒并扣2分
			□ 正确设置安全围挡，放置安全警示牌	2		如未操作，则每项扣1分，最多扣2分
			检查工具仪器是否齐全 □ 拆装工具　□ 联机通信线 □ 示波器　　□ CAN 总线分析仪	5		如不齐全或不满足使用要求，则由考生报告现场考评员补齐或更换，仍需检查
			检查零部件是否齐全 □ 转向控制单元 □ 整车控制器	4		
			□ 检查确认台架是否稳定（锁止台架万向轮）	3		
2	实施步骤	70	□ 将线控底盘实训台架的点火开关置于 ON 档	8		如不符合标准，则由现场考评员（裁判）提醒并酌情扣分
			□ 校表	8		
			□ 测量	8		
			□ CAN 总线波形检测，打开点火开关	8		
			□ 测量线束连接	8		
			□ 波形测量	8		
			□ CAN 总线数据读取，打开点火开关	8		
			□ 连接 CAN 总线分析仪线束	8		
			□ 连接测量线束	2		
			□ 打开上位机软件	2		
			□ 读取报文数据	2		
3	恢复场地	14	□ 整理恢复场地，做好 6S 管理（整理、整顿、清扫、清洁、素养、安全）	14		如未操作，则每项扣2分，最多扣14分
	合　计			100		

考核成绩：_____　　　教师签字：_____

附录 I 线控转向系统的标定评分标准

学生姓名：＿＿＿＿＿＿＿＿＿＿＿   学生学号：＿＿＿＿＿＿＿＿＿＿＿   操作用时：＿＿＿＿＿＿＿＿＿＿＿ min

序号	作业内容	配分	作业项目	分值	扣分	备注
1	前期准备	15	□ 规范着装入场（着装整洁、穿工作鞋、不戴首饰、挽起长发等）	10		如不符合标准，则由现场考评员（裁判）提醒并扣2分
			□ 耐磨手套、护目镜穿戴	4		如不符合标准，则由现场考评员（裁判）提醒并扣2分
			□ 有无立警示牌，拉起隔离带	1		如不符合标准，则由现场考评员（裁判）提醒并扣1分
2	实施步骤	75	□ 断开整车控制器插接器，连接测量线束	5		如不符合标准，则由现场考评员（裁判）提醒并酌情扣分
			□ 打开上位机软件，打开点火开关	5		
			□ 发送数据报文，使用CAN总线分析仪发送报文，数据内容第一个字节为0x04，此时ECU默认当前位置即为转向角度0°	10		
			□ 转向系统调试，调整转向拉杆调节螺母，对车辆直线行驶能力进行测试，要求直线行驶200m，车辆中心线偏离车道中心线最大位移不超过0.5m	10		
			□ 断开整车控制器插接器	5		
			□ 连接测量线束，使用CAN总线分析仪连接预留CAN测试接口	5		
			□ 打开上位机软件，连接CAN总线分析仪与计算机，打开CANtest上位机软件	10		
			□ 打开点火开关（置于ON档）	5		
			□ 发送报文数据	5		
			□ 使用CAN分析连接预留CAN测试接口，向CAN总线发送ID为0x314的报文，转向轴转角以10°为步长递增，测量相应车轮转角进行标定。完成标定数据填写	15		

151

（续）

序号	作业内容	配分	作业项目	分值	扣分	备注
3	恢复场地	10	□ 整理恢复场地，做好 6S 管理（整理、整顿、清扫、清洁、素养、安全）	10		如未操作，则每项扣 2 分，最多扣 10 分
合　计				100		

考核成绩：_____　教师签字：_____

附录 J 电子助力器带制动泵总成拆装评分标准

学生姓名：＿＿＿＿＿＿＿＿　　　学生学号：＿＿＿＿＿＿＿＿　　　操作用时：＿＿＿＿＿＿＿＿ min

序号	作业内容	配分	作业项目	分值	扣分	备注
1	安全准备	16	□ 规范着装入场（着装整洁、穿工作鞋、不戴首饰、挽起长发等）	2		如不符合标准，则由现场考评员（裁判）提醒并扣 2 分
			□ 正确设置安全围挡，放置安全警示牌	2		如未操作，则每项扣 1 分，最多扣 2 分
			检查工具仪器是否齐全 □ 拆装工具 □ 联机通信线 □ 高压防护用具 □ 绝缘工具箱 □ 警示标识牌□ 翼子板防护垫	5		如不齐全或不满足使用要求，则由考生报告现场考评员补齐或更换，仍需检查
			检查零部件是否齐全 □ 制动控制单元 □ 整车控制器	4		
			□ 检查确认台架是否稳定（锁止台架万向轮）	3		
2	实施步骤	70	□ 关闭试验台架的点火开关	8		如不符合标准，则由现场考评员（裁判）提醒并酌情扣分
			□ 断开车辆低压蓄电池负极连接	8		
			□ 拔下电子助力器带制动泵总成上的电机插头和控制单元插头	8		
			□ CAN 总线波形检测，打开点火开关	8		
			□ 用注射器或大滴管将储液罐中的制动液吸出，直到储液罐中几乎无残留制动液	8		
			□ 拆卸制动压力传感器处的制动管路，回收流出的制动液	8		
			□ 断开制动踏板开关插头	8		
			□ 取下电子助力器带制动泵总成 □ 取下制动踏板总成	8		
			□ 连接测量线束	2		
			□ 安装电子助力器带制动泵总成	2		
			□ 安装制动踏板	2		
3	恢复场地	14	□ 整理恢复场地，做好 6S 管理（整理、整顿、清扫、清洁、素养、安全）	14		如未操作，则每项扣 2 分，最多扣 14 分
	合　计			100		

考核成绩：＿＿＿＿＿＿＿＿　　　教师签字：＿＿＿＿＿＿＿＿

附录 K 线控制动系统 CAN 总线信号分析评分标准

学生姓名：_____ 学生学号：_____ 操作用时：_____ min

序号	作业内容	配分	作业项目	分值	扣分	备注
1	安全准备	16	□ 规范着装入场（着装整洁、穿工作鞋、不戴首饰、挽起长发等）	2		如不符合标准，则由现场考评员（裁判）提醒并扣 2 分
			□ 正确设置安全围挡，放置安全警示牌	2		如未操作，则每项扣 1 分，最多扣 2 分
			检查工具仪器是否齐全 □ 数字示波器 □ 测量线束 □ 信号发生器 □ 信号发生器线束	5		如不齐全或不满足使用要求，则由考生报告现场考评员补齐或更换，仍需检查
			检查零部件是否齐全 □ 制动控制单元 □ 整车控制器	4		
			□ 检查确认台架是否稳定（锁止台架万向轮）	3		
2	实施步骤	70	□ 打开点火开关	8		如不符合标准，则由现场考评员（裁判）提醒并酌情扣分
			□ 电压测量	8		
			□ CAN 总线波形检测	8		
			□ 连接测量线束测量波形	8		
			□ CAN 总线数据读取	8		
			□ 打开点火开关	8		
			□ 连接测量线束	8		
			□ 打开设置上位机软件	8		
			□ 连接测量线束	2		
			□ 测量波形	2		
			□ 读取 CAN 总线数据	2		
3	恢复场地	14	□ 整理恢复场地，做好 6S 管理（整理、整顿、清扫、清洁、素养、安全）	14		如未操作，则每项扣 2 分，最多扣 14 分
	合 计			100		

考核成绩：_____ 教师签字：_____

附录 L　线控制动系统控制测试评分标准

学生姓名：_____　　学生学号：_____　　操作用时：_____ min

序号	作业内容	配分	作业项目	分值	扣分	备注
1	安全准备	16	☐ 规范着装入场（着装整洁、穿工作鞋、不戴首饰、挽起长发等）	2		如不符合标准，则由现场考评员（裁判）提醒并扣 2 分
			☐ 正确设置安全围挡，放置安全警示牌	2		如未操作，则每项扣 1 分，最多扣 2 分
			检查工具仪器是否齐全 ☐ 带有上位机软件的计算机 ☐ CAN 总线分析仪 ☐ 线束	5		如不齐全或不满足使用要求，则由考生报告现场考评员补齐或更换，仍需检查
			检查零部件是否齐全 ☐ 制动控制单元 ☐ 整车控制器	4		
			☐ 检查确认台架是否稳定（锁止台架万向轮）	3		
2	实施步骤	70	☐ 打开点火开关	8		如不符合标准，则由现场考评员（裁判）提醒并酌情扣分
			☐ 断开整车控制器插接器	8		
			☐ 将 CAN 总线分析仪连接好，通过 USB 方口数据线连接计算机	8		
			☐ 连接测量线束	8		
			☐ 打开设置上位机软件	8		
			☐ 发送报文	8		
			☐ 制动压力响应测试	8		
			☐ 读取制动压力报文	8		
			☐ 测量压力波形	2		
			☐ 记录制动压力	2		
			☐ 制动曲线绘制	2		
3	恢复场地	14	☐ 整理恢复场地，做好 6S 管理（整理、整顿、清扫、清洁、素养、安全）	14		如未操作，则每项扣 2 分，最多扣 14 分
	合　计			100		

考核成绩：_____　　教师签字：_____

参考文献

［1］于蕾艳.汽车线控技术［M］.北京：中国石油大学出版社，2013.

［2］李克强.电动汽车工程手册第六卷：智能网联［M］.北京：机械工业出版社，2019.

［3］别辉，过学迅.汽车底盘线控技术的应用及发展趋势［J］.专用汽车，2007（3）：36-38.

［4］罗宁延.智能网联背景下汽车底盘线控子系统及其集成的综述［J］.汽车实用技术，2021，46（4）：14-17.

［5］王铁强.浅谈汽车底盘线控技术的应用与发展［J］.才智，2010（22）：62.

［6］李文阳.浅谈汽车底盘线控技术的应用与发展［J］.科技创新导报，2009（36）：11-13.

［7］宗长富，李刚，郑宏宇，等.线控汽车底盘控制技术研究进展及展望［J］.中国公路学报，2013，26（2）：160-176.

［8］刘文虎.汽车底盘控制关键技术分析［J］.现代制造技术与装备，2021（1）：161，195.

［9］于潇.电动汽车底盘分析与调校研究［J］.时代汽车，2021（7）：123-124.

［10］胡慧敏.汽车底盘的构造及维修保养问题分析［J］.内燃机与配件，2021（21）：162-163.

［11］侯建.新能源汽车底盘布局优化设计探讨［J］.内燃机与配件，2021（23）：10-11.

机械工业出版社 | 汽车分社
CHINA MACHINE PRESS

读者服务

机械工业出版社立足工程科技主业，坚持传播工业技术、工匠技能和工业文化，是集专业出版、教育出版和大众出版于一体的大型综合性科技出版机构。旗下汽车分社面向汽车全产业链提供知识服务，出版服务覆盖包括工程技术人员、研究人员、管理人员等在内的汽车产业从业者，高等院校、职业院校汽车专业师生和广大汽车爱好者、消费者。

一、意见反馈

感谢您购买机械工业出版社出版的图书。我们一直致力于"以专业铸就品质，让阅读更有价值"，这离不开您的支持！如果您对本书有任何建议或意见，请您反馈给我。我社长期接收汽车技术、交通技术、汽车维修、汽车科普、汽车管理及汽车类、交通类教材方面的稿件，欢迎来电来函咨询。

咨询电话：010-88379353　编辑信箱：cmpzhq@163.com

二、课件下载

选用本书作为教材，免费赠送电子课件等教学资源供授课教师使用，请添加客服人员微信手机号"13683016884"咨询详情；亦可在机械工业出版社教育服务网（www.cmpedu.com）注册后免费下载。

三、教师服务

机工汽车教师群为您提供教学样书申领、最新教材信息、教材特色介绍、专业教材推荐、出版合作咨询等服务，还可免费收看大咖直播课，参加有奖赠书活动，更有机会获得签名版图书、购书优惠券。

加入方式：搜索 QQ 群号码 317137009，加入机工汽车教师群 2 群。请您加入时备注院校 + 专业 + 姓名。

四、购书渠道

机工汽车小编
13683016884

我社出版的图书在京东、当当、淘宝、天猫及全国各大新华书店均有销售。

团购热线：010-88379735

零售热线：010-68326294　88379203

推荐阅读

书号	书名	作者	定价（元）
智能网联、新能源汽车专业教材			
978-7-111-67861-8	智能网联汽车技术入门一本通（全彩印刷）	程增木	69
978-7-111-71527-6	智能汽车技术（全彩印刷）	凌永成	85
978-7-111-70269-6	智能网联汽车技术原理与应用（彩色版）	程增木 杨胜兵	65
978-7-111-62811-8	智能网联汽车技术概论（全彩印刷）	李妙然 邹德伟	49.9
978-7-111-69328-4	智能网联汽车底盘线控系统装调与检修（附任务工单）	李东兵 杨连福	59.9
978-7-111-71028-8	智能网联汽车智能传感器安装与调试（全彩活页式教材）	中国汽车工程学会 等	49.9
978-7-111-71248-0	智能网联汽车底盘线控执行系统安装与调试（全彩印刷）	中国汽车工程学会 等	49.9
978-7-111-70980-0	智能网联汽车计算平台测试装调（全彩印刷）	中国汽车工程学会 等	49.9
978-7-111-71171-1	智能网联汽车智能座舱系统测试装调（全彩印刷）	中国汽车工程学会 等	49.9
978-7-111-71031-8	新能源汽车检测与故障诊断技术（彩色版配实训工单）	吴海东 等	69
978-7-111-70758-5	新能源汽车电动空调 转向和制动系统检修（彩色版配实训工单）	王景智 等	69
978-7-111-70293-1	新能源汽车整车控制系统检修（彩色版配实训工单）	吴东盛 等	69
978-7-111-70163-7	新能源汽车动力电池及管理系统检修（彩色版配实训工单）	吴海东 等	59
978-7-111-70716-5	新能源汽车技术概论（全彩印刷）	赵振宁	55
978-7-111-70671-7	纯电动汽车构造原理与检修（全彩印刷）	赵振宁	59
978-7-111-58759-0	纯电动/混合动力汽车结构原理与检修（配实训工单）（全彩印刷）	金希计 吴荣辉	59.9
978-7-111-70956-5	新能源汽车维护与故障诊断（配实训工单）（全彩印刷）	林康 吴荣辉	59
978-7-111-70052-4	新能源汽车整车控制系统诊断（双色印刷）	赵振宁	55
978-7-111-69954-5	智能网联汽车概论（全彩印刷）	吴荣辉 吴论生	59.9
978-7-111-69808-1	新能源汽车结构原理与检修（全彩印刷）	吴荣辉	65
978-7-111-68305-6	新能源汽车认知与应用（第2版）（全彩印刷）	吴荣辉 李颖	55
978-7-111-61576-7	新能源汽车概论（全彩印刷）	张斌 蔡春华	49
978-7-111-64438-5	新能源汽车电力电子技术（全彩印刷）	冯津 钟永刚	49
978-7-111-68442-8	新能源汽车高压安全与防护（全彩印刷）	吴荣辉 金朝昆	45
978-7-111-61017-5	新能源汽车动力电池及充电系统检修（全彩印刷）	许云 赵良红	55
978-7-111-61318-3	新能源汽车电机驱动系统检修（全彩印刷）	王毅 巩航军	49
978-7-111-61320-6	新能源汽车辅助系统检修（全彩印刷）	任春晖 李颖	45
978-7-111-64624-2	新能源汽车维护与故障诊断（全彩印刷）	王强 等	55
978-7-111-67046-9	新能源汽车结构原理与检修（彩色版）	康杰 等	55

书号	书名	作者	定价（元）
978-7-111-44838-9	电动汽车动力电池管理系统原理与检修	朱升高　等	59.9
978-7-111-67537-2	新能源汽车动力蓄电池与驱动电机系统结构原理及检修	周旭　石未华	49.9
978-7-111-67299-9	电动汽车结构原理与故障诊断（第2版）（配实训工作手册）	陈黎明　冯亚朋	69.9
978-7-111-62362-5	电动汽车结构原理与维修	朱升高　等	49
978-7-111-61071-7	新能源汽车结构与维修（第2版）	蔡兴旺　康晓清	49
978-7-111-59156-6	电动汽车电机控制与驱动技术	严朝勇	45
978-7-111-48486-8	电动汽车动力电池及电源管理（"十二五"职业教育国家规划教材）	徐艳民	35
978-7-111-66097-2	新能源汽车专业英语	宋进桂　徐永亮	45
978-7-111-68486-2	智能网联汽车技术概论（彩色版配视频）	程增木　康杰	55
978-7-111-67455-9	混合动力汽车结构与检修一体化教程（彩色版）（附赠习题册含工作任务单）	汤茂银	55
传统汽车专业教材			
978-7-111-67889-2	汽车构造与原理　（彩色版）	谢伟钢　范盈圻	59
978-7-111-70247-4	汽车销售基础与实务（全彩印刷）	周瑞丽　冯霞	59
978-7-111-67815-1	汽车网络与新媒体营销（全彩印刷）	田凤霞	59.9
978-7-111-68708-5	汽车销售实用教程（第2版）（全彩印刷）	林绪东　葛长兴	55
978-7-111-68735-1	汽车自动变速器原理与诊断维修　（彩色版）	张月相　张雾琳	65
978-7-111-70422-5	汽车机械基础一体化教程（彩色版配实训工作页）	广东合赢	59
978-7-111-69809-8	汽车检测与故障诊断一体化教程（彩色版配工作页）	秦志刚　梁卫强	69
978-7-111-69993-4	汽车舒适与安全系统原理检修一体化教程（配任务工单）	栾琪文	59.9
978-7-111-71166-7	汽车发动机电控系统结构原理与检修（彩色版配实训工单）	李先伟　吴荣辉	59
978-7-111-68921-8	汽车底盘电控系统原理与检修一体化教程（彩色版）（附实训工作页）	杨智勇　金艳秋　翟静	69
978-7-111-67683-6	汽车底盘机械系统构造与检修一体化教程（全彩印刷）	杨智勇　黄艳玲　李培军	59
978-7-111-69963-7	汽车电气设备结构原理与检修（配实训工单）（全彩印刷）	管伟雄　吴荣辉	69
汽车维修必读			
978-7-111-71505-4	动画图解汽车构造原理与维修	胡欢贵	99.9
978-7-111-70826-1	汽车常见故障诊断与排除速查手册（赠全套352分钟维修微课）（双色印刷）	邱新生　刘国纯	79
978-7-111-64957-1	新能源汽车维修完全自学手册	胡欢贵	85
978-7-111-66354-6	汽车构造原理从入门到精通（彩色图解＋视频）	于海东　蔡晓兵	78
978-7-111-62636-7	新能源汽车维修从入门到精通（彩色图解＋视频）	杜慧起	89
978-7-111-66129-0	汽车电工从入门到精通（彩色图解＋视频）	于海东　蔡晓兵	78
978-7-111-60269-9	汽车维修从入门到精通（彩色图解＋视频）（附赠汽车故障诊断图表手册）	于海东	78